Fr. (Friedrich) Bienemann

Aus Livlands Luthertagen

Fr. (Friedrich) Bienemann

Aus Livlands Luthertagen

ISBN/EAN: 9783744607575

Hergestellt in Europa, USA, Kanada, Australien, Japan

Cover: Foto ©ninafisch / pixelio.de

Weitere Bücher finden Sie auf **www.hansebooks.com**

INDIANA
UNIVERSITY
LIBRARY

Aus Livlands Luthertagen.

Ein Scherflein zur 400-jährigen Gedenkfeier der Geburt des Reformators

von

Fr. Bienemann.

Reval, 1883.
Verlag von Franz Kluge.

Evangelion oritur et procedit in Livonia.

Mit der gesammten evangelischen Christenheit feiert unser baltisches Land den 400-jährigen Gedenktag der Geburt Martin Luthers als einen Gnadentag, den Gott der Herr seiner Kirche geschenkt hat. Mit ihr dankt unser Land vor allem unserem Heiland Jesus Christus, der seine Hand über seiner Heilsanstalt gehalten, daß sie nicht völlig verstört worden, und als die Zeit erfüllet war, den Bergmannssohn sich zum Rüstzeug erlesen, sein Wort und Sacrament als die allereinzigen Gnadenmittel wieder obenan zu stellen. Innerhalb der einen christlichen Kirche aber weiß unser Land sich doch auch als ein besonderes Glied und ist sich des Zusammenhanges der vergangenen und der künftigen Generationen bewußt. Kraft dieses Individualgefühls wird es, je tiefer das „allein durch den Glauben" als das Princip seines geistlichen Lebens in ihm wurzelt, je höher dankende Hände erheben. Denn im Blick auf die Zeit, in der Gott den Reformator erweckte, nimmt es die Bande wahr, in denen hier mehr als an anderen Orten die Seelen gefesselt waren durch Menschensatzung und die uneingeschränkte Herrschaft der Hierarchie und des päpstlichen Stuhles, und im eigenen gewohnten Genuß evangelischer Freiheit ermißt es die selige Empfindung der Vorfahren, als plötzlich das sola fide die Gewissenslast ihnen nahm. Und da unser Land die wechselnden Geschicke der evangelischen Kirche gründlich an sich erfahren, aber auch die Lebenskraft des Wortes Gottes dermaßen erprobt hat, daß es weiß, es kann nur ein evangelisches Land oder gar kein Land sein, dankt es inbrünstig der göttlichen Vorsehung, die in der Predigt vom Gekreuzigten zunächst den Vätern das ewige Heil, ihm selbst, dem Lande, aber überhaupt die Bedingung ferneren Bestehens und damit erst die Möglichkeit, nach seiner Seligkeit zu trachten, geboten hat. Wenn auf Grund seines Bestandes das baltische Land heute in die evangelische Festfeier eintreten kann, so fühlt es sich, obwol tief umflort um all der Schwären willen, die seinem Leibe zugefügt sind und an ihm aufbrechen, dennoch dankbar gehoben, weil der Glaube an seine Zukunft einzig und allein an die erlebten Gnadenerweisungen Gottes anknüpft und die Hoffnung wenigstens nicht ausgeschlossen ist, daß die Verheißung vom glimmenden Docht, der nicht ausgelöscht werden soll, auch an ihm seine Erfüllung finde.

Die Gedenkfeier der Geburt Luthers hat aber auch ihre menschliche Signatur. Nachdem wir Gottes Gnade erkannt und gepriesen, die uns Luther geschenkt, — schaaren wir uns pietätvoll um den Mann, der uns geschenkt worden, und freuen uns seiner mit vollem Recht; denn auch dazu ist er uns gegeben. Und wie unser baltisches Land Gott ganz besonders für die doch allen Menschen verliehene Gabe danken durfte, so darf es an dem großen Gedenktage auch ganz besonders nahe an den Gefeierten vor anderen herantreten. Denn es sind alte enge Bande, die Livland mit dem Reformator verknüpfen, und die Freude hat sie gewoben, heilige Freude des Gottesmannes über die unerwartet rasche willige Aufnahme der Heilsbotschaft, die ihren Weg hierher gefunden. „Sie pflegen dort den Prediger des Worts, schreibt Luther schon im Januar 1523 an Spalatin, und freuen sich das Evangelium zu haben. So geht Christus von den Juden zu den Heiden und aus Steinen erstehen Abraham Söhne." Diesen bei seiner ersten Berührung mit unserem Lande angeschlagenen Grundton läßt Luther weiter ausklingen in dem bekannten Briefe an „alle Christen zu Righe,

Revell und Tarbthe in Liefland" aus demselben Jahre: „Ich habe erfahren schriftlich und mündlich... wie daß Gott auch bei euch seine Wunder angefangen und eure Herzen mit seinem gnadenreichen Licht der Wahrheit heimsucht, darzu euch so hoch gesegnet hat, daß ihrs von Herzen fröhlich aufnehmet als ein wahrhaftiges Gottes Wort, wie es denn auch wahrlich ist: welches doch bey uns das mehrer Theil weder hören noch leiden will; sonder je reicher und größer Genad uns Gott hie anbeut, je unsinniger die Fürsten, Bischof und alle breite Schuppen des Behemoth sich dawider sträuben, daß ich euch mit Freuden mag selig sprechen, die ihr am End der Welt, gleichwie die Heiden, das heilsame Wort mit aller Lust empfahet, welchs unser Juden in diesem Jerusalem, ja Babylonien, nicht allein verachten, sondern auch niemand gonnen zu hören. Der Zorn Gottis ist uber sie kommen, spricht St. Paulus bis zum Ende; aber uber euch regiert die Genade". Im nächsten Jahr, am 1. Februar, meldet er wieder jubelnd seinem Spalatin: „Evangelion oritur et procedit in Livonia, das Evangelium geht auf und schreitet fort in Livland,... sic mirabilis est Christus". Und bald darauf in der Auslegung des 127. Psalms „an die Christen zu Rigen in Liffland" bekennt der große Mann in rührender Bescheidenheit, aber doch auch in seiner Herzenseinfalt, die nicht Worte macht, wo die Meinung nicht darnach ist: „Ich bin längest vermahnet, liebe Freunde, an euch etwas Christlichs zu schreiben; hätte es auch wohl gerne gethan, wie ich denn schuldig bin; hat mich aber allerley gehindert, zudem daß ich nichts besonders wußte zu schreiben, weil Gott, unser Vater, euch so reichlich hat begnabet mit seinem heiligen Wort, daß ihr euch selbs unter einander künnt beyde lehren und ermahnen, stärken und trösten, vielleicht besser denn wir".

Es ist für unser baltisches Land doch eine herzerhebende Erinnerung, auf diese geschichtlichen Zeugnisse gestützt, sich sagen zu dürfen, daß es in den Anfängen seines evangelischen Lebens dem theuren Manne, dessen befreiender Heldenthat es diese Wiedergeburt dankte, zur Last der auf ihm wuchtenden Sorgen keine hinzugebracht, daß unter Kampf und Mühe jede Kunde, die von hierher nach Wittenberg kam, ihm Erquickung bereitete, daß nicht einmal, nein wiederholt ein Luther unserer nur mit Hochschätzung und Dank gegen Gott gedenken konnte. Da mögen wir, gewohnt im Gange der Entwickelung uns eins zu wissen mit den Altvorderen, bei solcher Gedenkfeier, da das Vergangene im Geiste Gestalt gewinnt, demüthigen Stolzes wol bekennen: Livland ist dem Doctor Martinus etwas gewesen. Ob das immer so geblieben und welche Pflichten für uns Nachkommen daraus erwachsen, ist der Selbstprüfung des Einzelnen anheimgegeben und gehört als öffentliche Erwägung vor allem auf die Kanzeln des Festgottesdienstes. Hier gilt es noch auf einen zweiten Grund hinzuweisen, der uns gestattet, auch wenn die persönlichen Beziehungen zum Reformator nicht obgewaltet hätten, an seinem Gedächtnistage nahe an ihn heranzutreten.

Die Erstlinge unserer evangelisch-lutherischen Landeskirche, unsere Städte Riga, Reval, Dorpat, gehören bekanntlich überhaupt zu den ersten, die der Predigt des reinen Wortes Gottes Eingang gelassen und eröffnet haben; sie sind nicht einer fertig ausgebildeten Organisation beigetreten, nicht einmal einer Gemeinschaft, die irgend welche bedeutsame Ansätze zur Entwickelung bereits gezeitigt hätte; sie traten eben nur Principien, aber freilich in hohem Grade Lebenskeime tragenden Principien bei: dem sog. materialen und dem formalen Princip der evangelisch zu erneuernden Kirche. Aus dem „allein durch den Glauben" galt es „auf Grund der heil. Schrift" die in die concrete Erscheinung tretenden Formen dieser Kirche und ihrer zeitlichen Bedürfnisse zu entwickeln. An solcher Arbeit haben unsere Städte vermöge ihrer frühen Aufnahme des Evangeliums keinen unbeträchtlichen Antheil genommen. Riga ist vor zwanzig Jahren bereits durch Joh. Geffcken ein Ehrenplatz in der Geschichte der Hymnologie zuerkannt worden und Ph. Wackernagels großes Werk über „das deutsche Kirchenlied" (Ausg. v. 1870) hat seine Bedeutung in der Wissenschaft recipirt. Sie liegt darin, daß

Riga schon früh, 1530, durch das Zusammenwirken Joh. Brismanns und Andr. Knöpkens durchaus selbständig eine Gottesdienstordnung und ein Gesangbuch in niederdeutscher Sprache sich geschaffen, dasselbe beharrlich festgehalten hat und stets bemüht gewesen ist es zu verbessern und zu bereichern. In Liturgik und Hymnologie ist dieses Buch nicht nur einflußreich und vorbildlich für das ganze niedersächsische Sprachgebiet Deutschlands geworden, sondern daselbst weit verbreitet und in vielen Städten in kirchlichem Gebrauch gewesen, so in Hamburg und Lübeck, wo man noch zu keinem eigenen Gesangbuch gekommen war. Diese Geltung des Rigaschen Gesangbuchs in Norddeutschland hat sich durch das ganze 17. Jahrh. erhalten und eher gemehrt als abgenommen, nachdem es seit 1615 ein oberdeutsches Gewand gewonnen hatte. Und selbst das Breversche Gesangbuch von 1664 hat sich des gleichen Ansehens zu erfreuen gehabt und bildet den Kern einer großen Zahl gegen Ende des 17. Jahrh. gedruckter Gesangbücher, die in ihrem Titel und Vorwort ausdrücklich auf das rigasche Werk Bezug nehmen.[1]

Einer andern Seite der kirchebauenden Thätigkeit unserer Städte, und zwar nicht Rigas allein, sondern aller drei, ist bisher noch keine Aufmerksamkeit zugewandt worden. Wie sie nicht einer fertigen Norm des Gottesdienstes begegneten, sondern eine solche sich erst selbst allmählich schaffen mußten, so waren sie auch genöthigt, als sie in ihren Mauern das Wort Gottes rein und lauter verkündigen ließen und auf Grund dessen die überkommene kirchliche Ordnung abgethan, eine neue Form für sie zu finden. Die Begründung einer evangelisch-lutherischen Gemeindeverfassung ist mit ihre That.

Darin liegt ihre Bedeutung für die Geschichte der deutschen Reformation. Hiermit wird nicht behauptet, daß sie vorbildlich gewirkt, daß ihre Gestaltungen als Muster für die bezügliche Organisation in anderen Städten Deutschlands gedient haben; denn der etwaige Einfluß, den sie geübt haben könnten,

---

[1] Nach Geffcken, Kirchendienstordnung und Gesangbuch der Stadt Riga. Hannover 1862.

ist noch nicht der Forschung unterzogen; ja Reval dürfte bei den besonderen Grundsätzen, die hier anfangs zur Geltung gelangten, und bei unserer Kenntnis der Kirchenordnungen vieler deutscher Städte [2] ein solcher Einfluß, außer in bedingter Weise für Stralsund, von vornherein abgesprochen werden. Doch hat immerhin die Vermuthung einiges für sich, daß bei dem damaligen um so viel intensiveren Verkehr unserer Städte mit denen des deutschen Mutterlandes das Beispiel Rigas mehr Aufmerksamkeit und Nachfolge erregt haben werde als etwa das Vorgehen Leisnigs und Elbogens, aus welchen Orten nächst und neben Riga bisher die ältesten Kirchenordnungen, vom Jahre 1523, bekannt sind. Wie dem auch sei, ob tonangebend oder nicht: Riga hat unter den Ersten und zwar, ohne Muster und Vorbild, selbständig Zeugnis abgelegt von der mit innerer Nothwendigkeit zur Gemeindebildung drängenden Kraft des reinen Wortes Gottes; es hat die Einsicht gezeigt, daß der neue Wein der lauteren Lehre sich nicht in den alten Schlauch der römischen Ordnung fassen lasse; es hat den Muth gehabt, die Form zu sprengen und den Versuch gewagt, aus der Schrift heraus der wiedergeborenen Gemeinde den entsprechenden Leib zu geben; dem Vorgange Rigas und nun auch schon anderer Städte hat Reval dann in bemerkenswerther Eigenartigkeit Folge geleistet. Ueber den Hergang dieses Ereignisses in Riga, wie auch in Dorpat, hatten wir einzelne Daten; in unvergleichlich größerer Ausführlichkeit liegen solche neuerdings auch für Reval vor, die uns ein ausgiebiges Bild der ersten grundlegenden Maßnahmen zur Constituirung der evangelischen Kirchenverfassung gewähren. [3]

Gottesdienst und Kirchenregiment, das sind die zwei Baustellen, an denen unser Land, als der Grundstein zur evangelisch-lutherischen Kirche gelegt worden, durch seine Städte wacker die Kelle mitgeschwungen hat, auch seines Theiles zu arbeiten am Bau des Gotteshauses, in dem als seiner einzigen und ewig

---

[2] Vgl. Ad. Frantz, die evang. Kirchenverfassung in den deutschen Städten des 16. Jahrhunderts. Leipzig 1878.
[3] Vgl. die 16 urkundlichen Aufzeichnungen im Anhang.

währenden Zuflucht es sich noch jetzt geborgen weiß. Darum gebührt ihm auch sein Platz beim Werkmeister an dessen Gedenkfeier.

Aber viel fehlt daran, daß dieser billige Anspruch vom Gemeinbewußtsein der heutigen Kirche anerkannt werde, daß die Thatsache, auf die er sich stützt, ihre feste Stelle in der Reformationsgeschichte gewonnen habe. Ob unter den tausend evangelischen Geistlichen, die jüngst zu Wittenberg dem Brudergruß der schottischen und irischen Gemeinden herzlich begegneten, mehr als einer vielleicht der Kirche Livlands gedacht, deren Boten und Briefe in den Räumen der „Lutherhalle" so oftmals freudigen Grußes vom Hausherrn empfangen worden? Und ist die Stellung und die Arbeit Livlands in jenen ersten Jahren der Reformationszeit der Erinnerung der Kirche Deutschlands entschwunden — steht es denn in unserer engeren Gemeinschaft, auf unserem eigenen Boden um vieles besser? Ziehen wir unsere geistige Nahrung doch weitaus aus Deutschlands geistiger Arbeit und nur selten trifft dort des Forschers Auge, wie Geffckens und Wackernagels, auf unser entferntes Land „als ein vorher der christlichen Welt fast unbekanntes letztes Land im Norden von Europa" (Joh. Lohmüller an Luther). So wird es nicht ungeeignet sein, von Livlands Stellung und Arbeit in jenen großen Luthertagen den Festgenossen nah und fern etwas zu erzählen, mag einzelnes dem einen und dem andern auch nicht mehr unbekannt sein.[4]

In den ersten Decennien des 16. Jahrhunderts galt das öffentliche Vertrauen in baltischen Landen einzig und allein Plettenberg, dem maßvollen Friedensfürsten, der alle in Livland um Haupteslänge überragte und während seiner vierzigjährigen Regierung die Verkörperung der Selbstbeherrschung zur Er-

---

[4] Der folgenden Darstellung ist des Verf. Aufsatz „Die Anfänge unserer Reformation im Lichte des revaler Rathsarchivs", Baltische Monatsschrift, Bd. 29, Heft 6. (1882) zu Grunde gelegt.

scheinung brachte. Versöhnung der Gegensätze, Dämpfung des immer wieder ausbrechenden Habers der Parteien war sein unabläßiges Bestreben. Diese gemeßene Weisheit hat unter den Zeitgenossen ihm das Ansehen erhalten, welches seine Festigkeit und Milde gegen Riga, sein Heldenmuth im Russenkampf frühe begründete. Nur wer in rücksichtsloser Verfolgung eigensüchtiger Pläne Verwirrung hervorrief, hatte ihn zu scheuen, und grollen mochte ihm, wer die Schädiger seiner Ruhe nicht streng genug zurückgewiesen, nicht dauernd niedergedrückt sah. Und solche Unruhstifter wurden, als die Zeit der Reformation sich nahte, die Bischöfe. Wie um dem Sturm, der gegen sie sich erheben sollte, zuvorzukommen, suchten sie, gerade als die Botschaft vom allgemeinen Priesterthum aller Christen zuerst in unseren Städten verkündet ward, ihre geistliche Gewalt und zugleich ihre landesherrliche Macht schärfer geltend zu machen, denn seit langem. Johann Kievel, der Bischof von Oesel, und Johann Blankenfeld, Bischof von Dorpat und Reval zugleich, bestritten ihren Stiftsritterschaften die freie Verfügung über deren Erbe; sie verlangten die Zuerkennung eines Näherrechtes, demzufolge die Güter vor dem Verkauf oder der Vererbung dem Bischof angeboten werden sollten, trotzdem Kievel schon 1518 vor dem Vogt von Soneburg und den Deputirten der erzstiftischen und der harrisch-wirischen Ritterschaften, als freundlichen Vermittlern in dieser Sache, das Versprechen ertheilt, binnen sechs Wochen seine Vassallen in ihren Rechten und Gewohnheiten zu bestätigen. Der Meister, immer bedacht in möglichst gutem Verhältnis zu den anderen Landesherren wie zu den Ständen zu bleiben, hatte beiden Theilen die Wege der Billigkeit empfohlen, aber den Beschwerden der bedrängten Grundbesitzer hiemit nicht abgeholfen.

Da entwickelt sich, aus der Noth der Lage geboren, eine neue, allmählich zwingende Macht, die, stark in der Verteidigung, willig dem Fürstmeister sich unterordnet und, ihm nicht unwillkommen, gleichsam nur den Mangel durchgreifender Energie seines Wesens ergänzen will. Auf sie gestützt, auf ihre drohende Wirksamkeit warnend hinweisend, darf er hoffen, schon durch sein Wort die Widerwilligen zum Einlenken, zur Nachgiebigkeit zu bewegen. Und so geschieht es. Angesichts der geschlossenen Kraft des Landes, das für sein Recht einzustehen gewillt ist, beschwichtigen die Bischöfe ihre herrsch- und habsüchtigen Gelüste und der Frieden bleibt Livland noch einige Jahre erhalten. Die Vereinigung der Elemente, die immerdar in Livland das Land ausgemacht haben, die Vereinigung der Ritterschaften und Städte in den Jahren 1522—25 hat das zuwege gebracht und sie hat auch der Reformation die Bahn geebnet. Als ein hochwichtiges geschichtebildendes Moment tritt sie in den Gesichtskreis unserer historischen Betrachtung. Ihren Ursprung sehen wir in einem Ereignis, das zuerst durch Schirren bekannt geworden, dessen Tragweite sich aber erst neuerdings überblicken läßt.

„Im Jahre nach Christi unseres Herrn Geburt 1522 des Mittwoch nach Judica (den 9. April) da sind auf der großen Gildestube in der Stadt Dorpat erschienen die Ehrbaren und Festen Herr Hellmold von Tiesenhausen Ritter, Hans Bawer, Reinhold Taube, Johann Wrangell von Rojel, Johann Luggenhusen, Johann Wrangell von Elistfer und alle eble Mannen, die da reiten, fahren und wanken konnten; dazu Herr Gobke Hühnerjäger, Herr Johann Rolenbach, Herr Arend van Loen Bürgermeister, Herr Heinrich Schrickelmann, Herr Jakob Bewermann und der ganze Rath; Helmich Schröder Aeltermann der großen Gilde und Joachim Alünse Aeltermann von Unserer Lieben Frauen Gilde mit ihren Weisesten, Beisitzern und allen Brüdern beider Gilden der Stadt Dorpat, jung und alt, ausgenommen zwei oder drei, die Krankheit halber daheim bettlägerig waren. Da hat die achtbare Ritterschaft eine Einigung und einen Bundbrief vom Jahre 1478, der unterschrieben und untersiegelt war von allen Parten: von Ritterschaft, Rath und ganzer Gemeinde des Stifts und der Stadt Dorpat, vorzeigen und vorlesen lassen und hat den Rath, die Aelterleute und die ganze Gemeinde gefragt, was sie zu thun gesonnen wären und ob sie den Eid, den sie damals geleistet, zu halten und darnach zu handeln gedächten in allen Stücken und Punkten. Darauf sind aus dem Rathe der Ritterschaft Andreas Brinck, aus der Mannschaft Johann Wrangell von Ellistfer, aus dem Rathe der Stadt Herr Lorenz Lange und der Secretär Joachim Sasse, aus der großen Gilde Dietrich van Schoten, aus Unserer Lieben Frauen Gilde Gert Becker von Person zu Person, mit der Ritterschaft anfangend, umgegangen und haben sich von jedermann die Hand darstrecken lassen, daß alle an der Einigung festhalten wollten in allen ihren Artikeln und Punkten und dabei als fromme Mannen, wo nöthig, Leib und Gut daran wagen. So ward die Einigung erneut, verstrickt und befestigt".

Das war am 9. April 1522. Im Juni d. J. war Landtag zu Wolmar, während dessen, wie üblich, die Städte auch für sich allein in ihren besonderen Angelegenheiten tagten. Da trat, noch ehe der Landtag begonnen, am 14. Juni vor sie Hans Rosen, des erbaren Jürgen von Ungern zu Pürkeln „Diener", und bat in des Ritters Hans von Rosen aus dem Erzstift und der ganzen Ritterschaft der Lande zu Livland Namen, die Städte wollten sich nächsten Morgens, am Trinitatissonntage, um 6 Uhr, in der Capelle vor Wolmar mit der Ritterschaft zusammenfinden, um einige Sachen gemeinsam zu verhandeln. Die Zusage ward ertheilt. Und als man dann bei einander, wies Jürgen von Ungern auf die mannigfaltigen Beschwerden, die sie alle, die einen von ihresgleichen, die anderen von ihren geistlichen Herren, Prälaten, Pastoren und Priestern empfänden, und forderte zur Abstellung der Gebrechen und um des einträchtigen Lebens unter einander und einmüthigen Vorgehens willen „nach alter löblicher Gewohnheit" zum Abschluß eines Bündnisses auf. Namentlich wurde der Zwist zwischen den Herren zu Oesel und Dorpat und ihren Mannen vorgebracht und die Rathssendeboten befragt, was sie dabei zu thun gesonnen. Diese erklärten, daß die Verkürzung der Rechte und Freiheit des Abels ihnen leid thäte und sie ihm gern zu willen wären, auch den Vorschlag zu Hause bestens empfehlen wollten. Darnach wurde am selben Tage der Landtag eröffnet und den Ständen die Artikel, um derer halben er ausgeschrieben worden, übergeben. Die gemeinsame Berathung über dieselben, die nun stattfand, scheint doch schon eine Folge der im Wege befindlichen Verbrüderung gewesen zu sein, welche erst am Freitag dem 20. Juni förmlich abgeschlossen und in die „Gute Meinung" oder, modern ausgedrückt, in das Sentiment der Ritterschaften und Städte aufgenommen ward.

Inzwischen hatte die Vereinigung der Ritterschaft und der Stadt Dorpat ihre Frucht getragen. Am Mittwoch Abend hatte ihr Bischof in Folge „merklicher Unterrichtung" durch den Herrn Meister und dessen Gebietiger seinen Anspruch auf das Näherrecht sowol der Ritterschaft wie der Stadt gegenüber fallen lassen, „wiewol mit einer langen Vorrede", die deutlich genug auf die Motoren seines Entschlusses hindeutet. „An jedem Ort und sonderlich an diesem, sprach er, ist nichts nützlicher denn Liebe und Eintracht. In der Versammlung des gemeinen Landtags wollte uns übel anstehen, klagten wir über unsere Getreuen und sie wieder über uns. Man fände selten einen Part so geringe, daß er in so großer Versammlung keinen Beifall oder Anhang hätte. Deshalb, um vielem unnützen Reden zuvorzukommen, will ich dies thun: will die achtbare Ritterschaft, den ehrsamen Rath und jedermann unseres Stifts und unserer Stadt Dorpat bleiben lassen bei allen Rechten, Gewohnheiten, Besitz und habender Were so, wie wir sie gefunden haben".

Auf den Donnerstag fiel die Feier des Fronleichnamsfestes, die „nach löblicher christlicher Gewohnheit" mit großer Procession begangen ward, an welcher neben allen Herren und Ordensgebietigern auch sämmtliche Vertreter der Capitel, Ritterschaften und Städte sich betheiligten. Abends schlossen Dorpat und Reval, bei Riga zu Gaste geladen, „den Tag mit einem fröhlichen Trunke".

Freitags früh ließen die nun verbrüderten Ritterschaften

und Städte ihre mit einander vereinbarte Antwort auf die Berathungspunkte sich nochmals vorlesen, besprachen und verbesserten manches und trugen sie dann auf der Gildestube den Herren und dem ganzen Landtage vor. Der Meister und die Bischöfe zogen ein jeder seine Unterthanen auf die Seite und mahnten an die Gefahren, die diese Lande umgäben, und wie solche Vereinigung, die in den Receß geschlossen, bei den Nachbarn den Verdacht wecke, als ob Mishelligkeiten zwischen Herren und Unterthanen herrschten, und sie zum Einfall ermuthigen könnte; sie verlangten eine Erklärung über Ziel und Zwecke des Bundes. Die ward gegeben und der Meister wird wol befriedigt gewesen sein; die Prälaten aber hatten kein groß Gefallen daran und forderten nochmals ein jeder die Seinen in ihre Herberge. Ihre Vorstellungen erwirkten auch das Nachgeben der Stände in zwei Artikeln, vor allem in dem der Wahl der Bischöfe: von der Forderung, nach dem Tode des alten Herrn sei der neue „von allen deutschen Ständen" zu küren, wichen sie zu Gunsten der Wahl durch das Capitel allein. Um so mehr erbaten sie nun die Bestätigung ihres Recesses. Da aber verließ höchst unzufrieden der „ehrwürdige Herr von Oesel" die Gildestube; bald nach ihm schied „der nicht minder würdige Herr" von Dorpat, durch starke Wechselworte mit dem felliner Comtur erhitzt, aus der Versammlung und beide Fürsten ritten zum großen Misbehagen der Stände, alles ungeschlichtet und ungeschlossen lassend, von dannen. Die rückbleibenden Prälaten weigerten sich im Abwesen der anderen der Untersiegelung des Recesses und so blieb den Ritterschaften und Städten nur der Entschluß, auch ohne Bestätigung bei ihrem Abkommen zu verharren und es nach allem Vermögen zu handhaben.

Der Zusammenhang zwischen den beiden Berichten vom April und vom Juni ist klar. Von der dörptischen Ritterschaft ward das Bedürfniß des Schutzes gegen ihren ehrgeizigen Herrn, den berliner Bürgermeisterssohn und früheren frankfurter Professor, am tiefsten empfunden; sie suchte ihn, wie zuvor, im Anschluß an die gleichherrige Stadt; auf alter Grundlage fußend, erneuerte sie die noch nicht erloschene, die nur schlummernde Bundesverwandtschaft mit ihr. Das herzliche Entgegenkommen derselben, den in ähnlicher Noth schwebenden Vassallen der anderen Stifter auf dem Landtage mitgetheilt, weckte vor allen in der öselschen Ritterschaft den Wunsch nach gleicher Stärkung, um endlich von ihrem Bischof die Bestätigung ihrer Rechte zu erzwingen. Bei den innigen persönlichen Beziehungen des Adels der einzelnen Landschaften und ihrer Interessengemeinschaft ergab sich der Beitritt der Mannen des Erzstifts und Estlands von selbst; wenn gleich diese in gesicherten Besitzverhältnissen standen, war ihnen, setzten die Bischöfe ihren Willen durch, doch manche Erbfolge im Dörptschen oder in der Wiek und auf Oesel gefährdet. Ferner: übte Blankenfeld als Bischof von Reval auch keinerlei landesherrliche Befugnis aus, so konnten Conflicte mit ihm als Träger der geistlichen Gewalt den Edeln Harriens und Wirlands immerhin so unbequeme Folgen nach sich ziehen, daß sie gern durch Bundesgemeinschaft sich derer erwehrten. Und wie die Ritterschaften einig, so konnte auch ihre Hoffnung, die anderen Städte gleicher Gesinnung mit Dorpat zu finden, kaum fehlschlagen; hatten doch auch die Städte Grund genug, vor den Bischöfen auf der Hut zu sein; von anderen Beschwerden, derer die Recesse gedenken, zu schweigen, ward in ihren Mauern bereits unter lebhafter Theilnahme das Evangelium verkündet, während eben zu Wolmar von den Prälaten beantragt ward, Luthers Lehren und Schriften als lästerlich und ketzerisch zu verdammen.

Freilich zunächst ist in der Verbrüderung nur der materiellen Interessen, nur der Aufrechterhaltung des Alten gedacht.[5] Aber nichts auf dem Landtag läßt überhaupt den Anbruch

---

[5] Der betr. Artikel des Recesses lautet: Worble van der achtb. ritterschop und ers. steden eyndrechtichlick ingegan und boslaten, dut eyn ider part dat ander bie synen privilegien, herlicheiden, rechticheiden, gewonlickem gebruck und hebbender were na allem vermogen to vorhelpen, to schutten und to beholden nicht sal verlaten.

einer neuen Zeit erkennen. Im Artikel des Recesses, den Gottesdienst belangend, stimmen Ritterschaft und Städte der vor kurzem (im Juli 1521) auf dem Prälatentag zu Ronneburg entworfenen Ordinanz zu; unter seinen acht Punkten handelt es sich in sechs um die Vertheilung der dargebrachten Geldopfer zwischen Pfarrer und Kirche und den Zehnten des Bischofs von Dorpat und Reval; an der Weisung, daß die „Kirchherren" das Wort Gottes fleißig predigen sollen, tragen Ritterschaften und Städte ein gut Gefallen; auch sind sie einverstanden, daß die Bauern möglichst viel die Kirchen besuchen. Das sind Bestrebungen, die schon einige Zeit zurückdatiren; des Erzbischofs Jaspar Linde Bemühungen und die Johann Kievels auf Oesel gingen eben dahin." Dem Plan der Errichtung einer hohen Schule pflichten sie bei, äußern als einzigen Wunsch dazu, daß solche nicht in ihrem Gebiet, sondern in den Stiftern irgendwo Platz finde. Im April d. J. hatten die Bischöfe nach mehrjährigem Werben die kaiserliche Bestätigung ihrer Regalien erlangt.[7] Die Stände erbaten nun Einsicht in dieselben, um sich zu belehren, ob jene Erwerbung ihnen etwa beschwerlich fallen könne oder nicht. Man sieht, noch umspannt der Blick durchaus den alten Gesichtskreis und nirgend tritt dieses Verharren auf den eingetretenen Bahnen charakteristischer hervor als in dem Artikel, der wie kein anderer geeignet gewesen wäre, einem Laut aus innerster Seele Ausdruck zu geben, wenn die Seele nur darnach verlangt hätte: im Gutachten auf den Antrag der Prälaten, Luthers Lehre zu verwerfen. „Dr. Martinus Luthers halben, heißt es da, ist einer achtb. Ritterschaft und der ehrs. Städte Meinung, daß man die Sache hier im Lande von allen Parten so lange in Ruhe hangen und bleiben lasse, bis sie außer Landes durch päpstliche Heiligkeit, kaiserl. Majestät, Könige, Kurfürsten, Fürsten, Prälaten und Herren, geistliche und weltliche hohe Schu-

---

[6] Siehe H. Hilbebrand: Die Arbeiten für das liv-, est- und kurl. Urkundenbuch i. J. 1875/76. S. 85—88.

[7] Vgl. H. Hilbebrand: l. c. S. 97.

len, gelehrte und erfahrene Leute, durch ein Concil oder andere bequeme Wege und Mittel, wie sie nach Gott und Recht stehen und bleiben soll, entschieden und ausgesprochen werde. Außerdem gedächten sie weder hierin noch in irgend anderen Sachen Mandate und Bann hier im Lande zu dulden. Da diese Lande nicht mit dem Bann, sondern mit dem weltlichen Schwert erobert und gewonnen sind, wollen wir derhalben auch nicht mit dem Bann regiert und beschwert werden, welcher Artikel auch schon vor sechs Jahren zum Landtage aufgegeben und angenommen worden". Man sieht, zum Ketzerrichten war wahrlich keine Neigung; ebensowenig aber läßt sich auch eine Stellungnahme für die Reformation daraus erkennen. Man wies die Sache als vor den Landtag ungehörig ab und wahrte sich von vornherein für alle Eventualitäten die gewohnte innere und äußere Freiheit.

Noch war eben die große Scheidung, so nahe sie bevorstand, nicht eingetreten, noch hielt die religiöse Bewegung sich im Rahmen der alten Kirche und wenige Einzelne erst hatten, von hehrem Gotteshauch beseelt, es gewagt, gleich Luther, sich kühn neben die gewaltige römische Kirche und ihr gegenüber zu stellen, als Erstlinge einer wahrhaft evangelischen Gemeinde. Je nach dem sah man in dem Impulse, den der wittenberger Doctor gegeben, eine die ganze Christenheit erneuernde Lebenskraft oder hoffte, daß der Stuhl Petri auch diesen inneren Feind überwinden werde. Hatte die Eine katholische Kirche, zumal im letzten Jahrhundert seit dem Scheitern der großen Concile, doch so mannigfache Geistesrichtungen, so viel biblisches Christenthum und so viel heidnische Gesinnung unter die gleichen Cultushandlungen vereinigt. Was im Innersten der Menschen arbeitete, hatte noch nicht nach Aeußerung gedrängt und die kanonische Satzung, das römische Missale hielten bei uns wie überall noch die wahre Kirche, „die Gemeinde der Heiligen", in „babylonischer Gefangenschaft". So erklärt sich die allgemeine Feier der Fronleichnamsprocession am 19. Juni zu Wolmar „nach löblicher christlicher Gewohnheit", so die naive

Theilnahme der Sendeboten unserer Städte, unter ihnen auch Johann Lohmüllers, des bekannten Secretärs der Sadt Riga, dessen schriftkundige Hand von den vereinigten Ständen auf dem Landtage in all diesen Dingen verwendet worden und der doch schon am 22. October desselben Jahres durch seinen ersten Brief an Luther den Verkehr des Reformators mit unseren Landen einleitete.

Denn um die Zeit des Landtags zu Wolmar bahnte in Riga die große Krisis in ihren ersten Schritten sich an. Andreas Knöpken, einem Kreise frommer, des Studiums der Bibel beflissener Männer angehörig, der im Kloster Belbuck bei Treptow um Joh. Bugenhagen sich geschaart und seit Luthers Schrift „von der babylonischen Gefangenschaft" für die neue Bewegung begeistert worden, hatte, zur Flucht genöthigt, seinen Wanderstab nach Riga gerichtet. Von jungen Livländern begleitet, die bis dahin unter seiner Führung studirt, hatte er hier Wirksamkeit und offene Ohren und Herzen für seine Bibelerklärung gefunden, wo ihm der Boden durch Nikolaus Ruß, einen der evangelischen Männer vorreformatorischer Zeit, einige Jahre zuvor bereitet war. Neben Lohmüller wird der Bürgermeister Konrad Durkop als Knöpkens Jünger und Beschützer gegen die ihm feindselige rigische Geistlichkeit genannt. Er setzte es durch — in all diesen rigischen Hergängen bin ich nur in der Lage das Uebliche zu berichten —, daß eine Disputation im Chor der Petrikirche zwischen dem zur Zeit, alleinigen Verkünder der reinen Lehre und den, wie es scheint, ausnahmslos römisch gesinnten Priestern am 12. Juni 1522 stattfand. Dem Worte Gottes zugethane Bürger hielten während dessen die Wacht vor der Thür. Was in den nächsten Monaten geschehen, ist uns unbekannt. Es ist ja anzunehmen, daß der Rath den Erzbischof angegangen sein wird, die Kanzeln der städtischen Pfarrkirchen mit anderen Predigern zu besetzen; als dieses fruchtlos blieb, ernannte er in Uebereinstimmung mit den Gilden Andreas Knöpken zum Archidiakonus an der St. Petrikirche. Am 23. October 1522 hielt dieser seine Antrittspredigt. Am ersten Advent wurde ihm Sylvester Tegetmeier, seit Michaelis etwa in Riga, an der Kirche zu St. Jakob beigesellt.

Der Forschung bleibt hier noch ein weites Feld. Wir wissen nicht, inwieweit der Rath durch diese Berufungen die ihm zustehende Competenz überschritten, nicht einmal, ob er Vacanzen benutzt oder Absetzungen verfügt hat; ob der Erzbischof über diese allein im nächsten Jahre Klage geführt oder ob auch Störungen des Kirchenfriedens, Bildersturm und dergl. vorgekommen." Vom 19. Nov. 1523 besitzen wir freilich den Brief des Anton Boemhover, eines Franziskaners, wol aus Riga, vielleicht einer der Boten, die der Erzbischof nach Deutschland an das Reichsregiment und nach Rom gesandt, zu Rom geschrieben.⁹ Aber seine mannigfachen Klagen vermögen wir nicht zu controliren. Doch stimmt es im wesentlichen mit ihrem Inhalt, wenn der bekannte (symbolische?) Auszug der Mönche aus Riga am Charfreitage 1523 wirklich in Veranlassung der ihnen vielfach widerfahrenen Unbill geschehen ist. Als die Boten Anfang 1524 zurückkehrten mit Bann und Acht, wurden zwei gefangen, derselbe Boemhover und Burkard Waldis. Der erstere begegnet uns noch auf den folgenden Seiten.

Während wir über die Organisation des Kirchenregiments, wie es sich in Riga gestaltet hatte,¹⁰ nachdem das des Erzbischofs über die Stadt zusammengebrochen sich erwies, im dunkelen schweben, ersehen wir nur so viel, daß es nicht kräftig genug war, den Unordnungen und Ausschreitungen nicht blos der erregten Menge, sondern auch von Corporationen, wie der Schwarzenhäupter, zu steuern. Die Wogen gingen eben hoch und von Anfang an mag der Rath sich kein festes Ziel vorge-

---

* Hildebrand, l. c. S. 16, setzt den Beginn solchen Treibens erst in den März 1524.

⁹ Hansen. Die Kirchen und ehemaligen Klöster Revals. Reval, 1873. S. 73 ff. u. 113 ff.

¹⁰ Ueber die Existenz eines solchen werden unten einzelne Andeutungen kommen.

steckt haben. Es ist doch auffallend und wird es noch mehr im Vergleich mit der Entwickelung, die die verwandten Verhältnisse in Reval gewannen, daß, nachdem der Rath den ersten entscheidenden Schritt in der Berufung Knöpkens im October 1522 gethan, noch im März 1524 bei unruhiger Stimmung der Einwohnerschaft die als abgöttisch betrachteten Bilder und Altäre in den Kirchen belassen waren. — Anders gingen die Dinge in Reval. In anmuthendem Einklang mit der unvergleichlich consequenten und einheitlichen Gestaltung der Geschichte Estlands ist auch die gereinigte Lehre hier nicht verkündet außer der herkömmlichen Ordnung durch eingewanderte Reformatoren, die etwa in Gegensatz zu der ganzen amtirenden Geistlichkeit getreten, sondern durch die rite vocirten und im Beruf arbeitenden Priester, von denen einer, Zacharias Hasse, hierselbst den Proceß der Umwandlung in sich durchgemacht, die beiden anderen schon ergriffen vom Geist des Evangeliums herkamen und vom Rathe angestellt des Predigtamts warteten.

Und ihre Predigt ermangelte nicht der Wirkung, wenn auch noch nichts an der gewohnten Ordnung verändert wurde. Der Geist, in welchem man diese betrachtete oder sie handhabte, ward doch ein anderer. Denselben Rath, dessen Vertreter mit denen Rigas und Dorpats zu Wolmar den festlich begangenen Fronleichnamstag „mit einem fröhlichen Trunke" abschlossen, sehen wir zwei Jahre später, Ende Mai 1524, seines von altersher (seit 1284) in seinem Weichbild ihm zustehenden geistlichen Aufsichtsrechtes über das Kloster der „schwarzen Mönche" in evangelischem Sinne warten. „Als nun aus sonderlicher Gnade des uns verkündigten Gotteswortes solche falsche Lehrer von uns aus ihren Früchten erkannt sind," — so rechtfertigt sich der revaler Rath wenige Jahre nachher gegenüber dem Ordensmeister wegen der Vertreibung der Dominikaner [11] — „haben wir dieselben aus gebührlicher Pflicht anfänglich einigemal in der Güte und darnach, als keine Besserung zu ver-

---

[11] Hansen, l. c. S. 130—138. Urk. IX. v. 20. April 1527.

merken, auch ernstlich vermahnen lassen, allen ärgerlichen Misbrauch ihres ungottseligen Wesens und ihre verführerischen Predigten mit vielen anderen nachtheiligen Handlungen mehr abzustellen, die sie zum Abbruch, Verderben und Schaden Ew. Fürstl. Gnaden Stadt Freiheit, Gerechtigkeit und gemeiner Wohlfahrt eine lange Zeit hier muthwillig geübet, und das heilige Evangelium ohne etwelche Vormeinung und Zusätze von Menschenfünblein lauter und rein zu predigen; welches von ihnen alles gar nicht geachtet, sondern in den Wind geschlagen ist. Sondern haben nach wie vor das rechtschaffene gepredigte göttliche Wort gelästert als ketzerische Verführung und Teufelslehre. Daraus sich nicht wenig Partie Uneinigkeit und Zwietracht hier erhob, also daß wir, um weiterem Aergernis und Aufruhr vorzubeugen, unsere Prediger zu ihnen ins Kloster gesandt, daselbst mit einander auf Grund göttlicher Schrift zu unterhandeln und zu untersuchen, wer von ihnen Recht oder Unrecht hätte. Es sind aber gedachte Mönche zu keiner Disputation geneigt gewesen, haben sich mit ihrem Haupt, dem Papst, und seinen geistlichen Rechten entschuldigt, wie es ihnen dadurch verboten sei, mit jemand über den Glauben aus göttlicher Schrift zu disputiren; sie müßten die Sache bis zum nächstkünftigen gemeinen Concil beruhen lassen. Und biewegen wir ihres störrischen Geistes und verkehrten Sinnes, dadurch sie dem heiligen Geiste und der Wahrheit im hellen Lichte seines göttlichen Wortes so öffentlich sich widersetzen, in der Gemeinde inne geworden sind, haben wir ihnen das Predigtamt und ihre anderen Heuchelwerke, so sie mit keiner Schrift verteidigen könnten, in der Gemeinde zu gebrauchen verboten". Was den Mönchen alles vorgeworfen wurde und wie sie das Verbot zu umgehen suchten, wie einzelne von ihnen heimlich sich fortstahlen und das Geld und Kleinobien, die dem Kloster, nicht den zeitweiligen Insassen, übergeben waren, mit sich fortnahmen, wie Rath und Gemeinde sich veranlaßt fanden, ein Inventar alles Klostereigenthums aufzunehmen, zu größerer Sicherheit einen Theil ans Rathhaus bringen zu lassen, — das mag in der anziehenden, streng urkundlichen Darstellung Han=

sens ¹² nachgelesen werden. Hier kommt es nur auf den Hinweis an, daß zum Beginn des Sommers 1524 auch in Reval das Wort Gottes die ganze Stadt so weit ergriffen hatte, daß der krasse Gegensatz, in dem die mönchische Klerisei gegen die reine Lehre beharrte, schlechterdings nicht mehr geduldet wurde. Es geschah ihr kein Unrecht und keine Gewalt, aber der Rath besann sich auf seine Pflicht als christliche Obrigkeit und hielt sie an, ihrer Bestimmung nachzuleben, nicht ohne den Spott zu verbergen, der durch die ganze Christenheit die Mönche vorzugsweise zur Zielscheibe wählte. „Angesichts des Ueberflusses, in dem ihr lebt" — entbot ihnen Ein Ehrsamer Rath und Gemeinde — „sollt ihr ein bequemes Gemach weisen, darin ihr die armen Siechen und pockigen Leute aufnehmen möget, die da mannigfach die Straßen entlang jämmerlich liegen und keine Hilfe von jemand haben, und ihr sollt ihnen in aller Nothdurft zu Dienste sein, als Beichte hören, die heiligen Sacramente ihnen geben und fortan sie speisen mit Nahrung aus unserem Topf und unserem Keller, sie laben mit unserem Bier, da ihr ja mancherlei Bier habt, als altes Bier, Salbeibier, Wermuthbier u. a. m. Und Ein Ehrsamer Rath begehrt, daß ihr hierin nicht Ausflüchte machen wollet, denn ihr predigt uns barmherzig zu sein und die Werke der Barmherzigkeit an unserem Nächsten zu erweisen; und er vermuthet, daß ihr dies auch selbst thun und mit Fleiß annehmen wollet, ohne zu zweifeln, es sei zu eurer Seelen Seligkeit. Ein Ehrsamer Rath und Gemeinheit will euch alle selig haben; eurer Seligkeit halben geschieht dies u. s. w." Und ferner „will Ein Ehrsam Rath und Gemeinde, daß drei Sonntage nach einander unsere Prediger in eurer Klosterkirche predigen, auf das auch ihr zum rechten Glauben kommet; denn ihr und eure Brüder wollet oder dürft ja nicht ihre Predigt hören. Und ihr mögt nur euren Brüdern gönnen, frei zuzuhören; und sollt auch alle Thüren offen lassen, das ein jeder das Wort Gottes frei hören könne."¹³

---

¹² Hansen l. c. S. 75—95.
¹³ Hansen, l. c. S. 117 ff.

Aber während Rigas neuerwachter Glaubensdrang die starre und doch morsche Schale des alten Kirchenthums gesprengt und eigene Formen seiner gemeindlichen und kirchenregimentlichen Gestaltung sich geschaffen; während Reval, ganz erfaßt und erfüllt vom Wehen evangelischen Geistes, zunächst sich begnügte, die überkommenen Organe des dumpf gewordenen religiösen Lebens zu Trägern der frischpulsirenden neuen Bewegung zu machen, hatte Dorpat weder das eine noch das andere zu erreichen vermocht. Freilich hatte auch hier die Sehnsucht nach dem reinen Worte Gottes sich geregt und der Rath — doch wol weil keiner der Priester in der Stadt und am Dome sich dazu bekannt — den Prediger Hermann Marsow berufen.[14] Aber der Drohung des Bischofs hatte man nicht widerstehen mögen. „Da sie sich erdreistet, den Prediger ohne Sr. Gnaden Consens und Mitwissen in die Stadt zu holen, begehrte er, die ihn hineingebracht und mit Rath oder That dazu geholfen hatten, aufzuzeichnen und in billige Strafe zu nehmen".[15] Die Stadt wandte sich, des Bündnisses eingedenk, an die Ritterschaft um Beistand; da sie jedoch in diesem Falle nur „kleinen Trost" bei ihr gefunden, der Bischof aber erklärte, den Prediger nicht dulden und fünf Finger und so es vonnöthen zehn daran setzen zu wollen, sah der Rath sich genöthigt, den Hermann Marsow wieder zu entlassen. In Reval hat er dann seine Zuflucht und sein Arbeitsfeld gefunden, um später wieder nach Dorpat zurückzukehren.

Auf die Gunst der Verhältnisse kam eben doch viel an. In Riga und Reval stand die Commune so viel mächtiger und unabhängiger von ihrem Landesherrn da, als in Dorpat; aber jetzt, im Sommer des J. 1524, begann auch für jene Städte die Lage sich zu verschlimmern. Denn am 29. Juni

---

[14] Aus Riga gebürtig, hatte er als Geistlicher der breslauer Diöcese 1522 die Universität Wittenberg bezogen. (H. J. Böthführ in Mitth. aus d. liv. Gesch. XIII, 1. S. 68.) Doch kann er nur kurze Zeit da geweilt haben.
[15] C. Rußwurm, Nachrichten über das ... Geschlecht Ungern-Sternberg. Zweiter Theil. IV. A. Reval 1875, S. 212.

war zu Ronneburg der alte milde Erzbischof Jaspar Linde gestorben; wenige Monate zuvor, am letztverwichenen 28. November, hatte er Blankenfeld zu seinem Coadjutor ernannt. So erlangte der Bischof von Dorpat und Reval, der hartnäckigste und gewaltthätigste Verteidiger des Papstthums, die nächste Anwartschaft auf den Erzstuhl. Es ließ sich voraussehen, daß unter dessen Führung die alte Kirche ihre Kraft energisch zusammenfassen werde.

Indes waren die zwei Jahre abgelaufen, welche bei der Vereinigung zu Wolmar die Städte als den äußersten Termin ihrer Zusammenkunft festgesetzt hatten, und sie rüsteten sich zur Tagfahrt nach Reval, als die öselsche Ritterschaft, noch immer des Ausgleichs mit ihrem Bischof harrend, sämmtliche Bundesglieder kraft jener Vereinigung auf den Sonntag nach Margarethe, den 17. Juli, ebendahin inständigst einlud. Es erschienen aus Harrien und Wirland Klaus Polle, Luleff Fürstenberg, Bernd Risebitter, Heinrich Tödwen und Klaus Mer; aus dem Erzstift Hartwich von Tiesenhausen, Jürgen v. Ungern und Johann v. Rosen, die auch zu Wolmar gewesen; aus dem Stifte Dorpat Hans Wrangell von Rojel, Hans Wrangell von Ellistfer und Heinrich von Tiesenhausen; aus dem Stifte Oesel derselbe Jürgen von Ungern, Otto Uerküll von Fickel, Dierich Fahrensbach, Johann Lode u. a. Aus Riga waren anwesend der Bürgermeister Jürgen Koning, Rathmann Heinrich Uenbrock und der Secretär Mag. Johann Lohmüller; aus der Stadt Dorpat der Bürgermeister Lorenz Lang und Rathmann Wilhelm Gyffelmann; aus Reval nahm der volle Rath an den Verhandlungen Theil. Letztere fanden auf dem Rathhause statt unter dem Vorsitz des Bürgermeisters von Riga, und par gingen den allgemeinen Berathungen die besonderen Besprechungen der städtischen Vertreter voraus. Unter den gegebnen Verhältnissen mußte eines der wichtigsten Anliegen derselben der Schutz der gewonnenen evangelischen Freiheit, beziehungsweise die Erlangung letzterer sein. Zu Dorpats älteren Klagen, die Lorenz Lang „in vielen und mannigfaltigen Artikeln" wider ihren „gnädigen" Herrn der Reihe nach erhob, wie derselbe gegen seine Eide und Gelübbe, auch gegen Briefe und Siegel des Erzbischofs und Herrmeisters sie verkürze und bedrücke an ihren Privilegien, Gerechtigkeiten, an ihrer Nahrung und Wohlfahrt, trat die neue Beschwerde wegen der Vertreibung Hermann Marsows. Und eben erst, kurz vor der Abreise der Sendeboten, war die ganze Gemeinde vor dem Rathe mit dem ernstlichen Begehr erschienen, daß jene den Herrn Hermann wieder mit sich zurückbrächten, denn sie wäre nicht gewillt, das Wort Gottes länger zu entbehren. Darum war der Rath nun „in merklichem Zweifel, welcher Entschluß hier zu treffen sei", und die Abgeordneten erbaten sich die Meinung der anderen Städte und wollten namentlich wissen, ob Dorpat sich ihres Beistandes zuverlässig getrösten könne.

Riga hatte allen Grund, eines solchen Herrn sich zu erwehren. Bereits nahm er, obwol seine Wahl nur bedingungsweise geschehen, kraft der — wie es hieß — vom Papst bereits vollzogenen Confirmation die Güter und Schlösser des Erzstifts in Besitz und äußerte sich dahin, sobald die Ritterschaft in seine Wahl und Besitznahme gewilligt, werde er auch bei der Stadt Riga um die Anerkennung sich bemühen. Wie der Bürgermeister Jürgen Koning den Ständen erklärte, erwartete Riga von ihm, sofern sie ihn zum Herrn annähme, keine Gunst, Frieden und Einigkeit; „denn es ist vor Augen, sprach er, daß sich all diese Lande vor seinem scharfen Vorgehen und behenden Sinne entsetzen"; Ritterschaft und Stadt Dorpat zeugten, wie verdrießlich seine Herrschaft sei, wie „kleine Folge" er seinen Gelübden, Briefen und Siegeln zu geben pflege; „auch ist es am Tage, daß S. Fürstliche Gnaden das göttliche Wort und all dessen Anhänger aufs äußerste verfolgt, ansicht und verjagt, bei welchem Wort die ganze Stadt Riga zu bleiben und es nimmer zu verlassen gedenkt".

Die Folge dieser Stellung und Gesinnung, der Reval beipflichtete, war die Antwort beider Städte an die Boten Dorpats: sie sähen es fürs beste an, den Herrn Meister zu beschicken und ihn zu mahnen, den Bischof zu unterrichten, daß er den verbrieften Zusagen Genüge leisten solle. Sie aber würden Dorpat nicht verlassen, sondern seien geneigt, ihr mit Liebe und gutem Beistande, besonders in der Sache des heil. Evangelii zu helfen. Darauf haben alle drei Städte sammt und sonders eine der anderen sich in allen vorfallenden rechtmäßigen Sachen zu unterstützen und sonderlich beim heil. Evangelium mit Leib und Gut nicht zu verlassen sich vereinigt und verbunden.

Als nun am 19. Juli die Ritterschaften in die Rathstube traten, um die Tags zuvor durch Jürgen v. Ungern als eigentlichen Anlaß der Zusammenkunft dargelegte Zwistsache der öselschen Ritterschaft mit ihrem Bischof in Berathung zu ziehen, verkündete ihnen der Bürgermeister von Riga den rücksichtlich der Religion gefaßten Beschluß der Städte, und auf das zu Recht bestehende unverbrüchliche Bündnis der Stände hinweisend, begehrte er zu wissen, was die Ritterschaften in diesem Falle, der bei der Bundeseinigung zu Wolmar nicht vorgesehen war,¹⁶ zu thun gedächten.

Nach reiflicher Berathung antworteten die Ritterschaften durch Jürgen v. Ungern: sammt und sonders wollten sie dem heil. Evangelio göttlichen Wortes nach Inhalt des neuen und alten Testaments beipflichten und dazu ein jeder Stand dieser gegenwärtigen Vereinigung bei dem anderen im Bekenntnis solchen göttlichen Wortes Leib und Gut einsetzen. Wobei Jürgen v. Ungern im Auftrag der öselschen Ritterschaft die Stadt Riga ausdrücklich rühmend hervorhob, als die erste, welche hier in Livland die Offenbarung des wahren Wortes Gottes angenommen habe.

Und nun erst wurde der Antrag der öselschen Ritterschaft berathen und der Beschluß durch Koning formulirt: da die Sache nicht klageweise, sondern als Bitte um Rath, wie der

---

¹⁶ Aus diesem Grunde dürfte es sich auch erklären, daß es der dörptschen Ritterschaft nicht vorgehalten wurde, warum sie in Sachen Marsows der Stadt Dorpat nur „kleinen Trost" gewährt, und daß dieser Fall überhaupt nur zwischen den Städten allein verhandelt worden.

Ritterschaft ohne Aufruhr der Lande zu ihrem Rechte verholfen werde, vorgebracht sei, so wäre der Herr Meister, als ein Haupt der weltlichen Geschäfte dieser Lande, von allen Ständen zu besenden, damit er den Streit aufs fruchtbringendste beilege. Sollte aber seine gütliche Bemühung bei dem ehrwürdigen Herrn zu Oesel verächtlich angesehen werden, so sollten alle Stände auf schärfere Mittel mit Rath und Zuthat des Herrn Meisters treulich bedacht sein, damit die Ritterschaft ohne langen Verzug zu ihrem Rechte käme.

Auf die verbündeten Stände gestützt, drangen Plettenbergs Ermahnungen durch. Noch war das Jahr nicht vergangen, da hatte die öselsche Ritterschaft, was sie gewollt. Am 15. Dec. 1524 ertheilte Johann Kievel ihr das berühmte Privilegium, das den Grundbesitzern den ruhigen Genuß ihrer Güter und dem Lande die Predigt des reinen Wortes Gottes sonder Menschensatzung sichern sollte. Daß die Erwartungen sich nicht erfüllten, lag an anderen Ereignissen; aber die Rechtsgrundlage war doch für das eine wiederhergestellt, für das andere geschaffen.

Den gleichen Charakter kraftbewußter Mäßigung trägt die Antwort, welche der zum Schluß der Tagefahrt erneuten Bitte Dorpats, ihrer unerträglichen Beeinträchtigung durch den Bischof mit 200 oder 250 Gesellen zu Hilfe zu kommen, durch die beiden anderen Städte gegeben ward. Wiewol die gute Stadt, sagten sie, ihnen herzlich leid thäte, wäre doch ihr Rath, Dorpat solle nochmals den Weg der Güte oder des Rechtes auf dem allgemeinen Landtage versuchen. Bliebe dieser aber unfruchtbar, so wäre der Stadt Dorpat ja bewußt, wo sie Rath und Hilfe zu suchen habe; was den beiden Städten alsdann zu thun gebühre, des würden sie sich nicht entschlagen.

Neben der verständigen Erinnerung an Plettenbergs Vorstellung, die er den rigaschen Deputirten vor ihrer Abreise noch mündlich hatte ans Herz legen lassen, in keinen Aufruhr zu willigen und nur das Beste des Landes zu fördern, verlangte die Stellung Rigas zu Blankenfeld die äußerste Vorsicht der Stadt im Verhalten gegen diesen schlauen Mann. Sie wollte ihn nicht als ihren Herrn anerkennen, wie oben berichtet, und sie hat ihn auch nie als solchen anerkannt. Aber darin stand sie auf dem Ständetag isolirt; die erzstiftische Ritterschaft hatte ihm schon zum Theil gehuldigt und zum Theil war sie geneigt es zu thun. Riga mußte alles vermeiden, wodurch es sich auch nur in den Schein des Unrechts gegen ihn gesetzt hätte; dann nur durfte die Stadt hoffen, daß Plettenberg die Alleinherrschaft über sie annehmen werde, wie es geschah.

In einer anderen Angelegenheit aber, der letzten reformationsgeschichtlichen, um die es sich auf dem Ständetage zu Reval handelte, fand Riga allgemeine Unterstützung. Sie betraf das Schicksal des von der Stadt gefangen gehaltenen Franziskaners Antonius Boemhower. Noch kurz vor seinem Tode hatte der alte Erzbischof dessen Auslieferung gefordert, um ihn vor das geistliche Gericht zu stellen. Riga hatte sich einstweilen des geweigert und verlangte die Ansicht der Stände, welches Recht ihm zukomme. Die Sache kam zum Austrag, unmittelbar nachdem der öselschen Ritterschaft ihr Bescheid ertheilt worden. Namens der letzteren und der von Riga erklärte Jürgen v. Ungern, daß der Mönch, weil er so feindlich gegen Riga und alle Stände gehandelt und im Jurisdictionsbezirk der Stadt gefangen genommen, auch nach dem Rechte derselben das Feindesrecht am Höchsten (d. i. am Leben) zu leiden habe. Dies Recht wollten sie beschirmen. Klaus Polle aber sprach namens des harrisch-wirischen Adels mit Zustimmung der Ritterschaft und der Stadt Dorpat: es sei auf vielen Landtagen beschlossen, daß diese Lande den geistlichen Bann nicht leiden könnten und wollten, und wer Bannbriefe oder dergleichen Processe hier ins Land brächte, hätte seinen verdienten Lohn, wenn er in den Sack gesteckt und auf die Seite gebracht würde. Wie viel mehr habe Boemhower sein Leben verwirkt, der nicht nur mit gemeinem Bann, sondern auch mit schwerer Acht Leben, Ehre und Gut anzutasten gewagt. Die Stadt Riga solle ihn also bis zum nächsten Landtage festhalten, da dann alle Stände über ihn sprechen mögen, „was ihm im starken

Rechte eignet". So wurde es beschlossen, weil die Sache an Blut und Leben gehe, das in keines geistlichen Gerichtes Vermögen sei.

Am 22. Juli gingen die Stände, am folgenden auch die Städte auseinander. Sie hatten einträchtig zusammengestanden; die Eintracht war auch gewahrt, ja schien noch fester gegründet, als das evangelische Bekenntnis zur Sprache gebracht und als neues Fundament und Bindemittel anerkannt worden. Jürgen Ungern hatte im Namen aller Ritterschaften „nach reiflicher Berathung" gesprochen. Die Annahme, daß eine oder die andere Ritterschaft sich stillschweigend von der Zustimmung ausgeschlossen, ist daher unstatthaft. Um so mehr mußte es in Reval verletzen, daß etwa sechs Wochen darnach ein Schreiben Plettenbergs an den Rath einlief, vom 25. August datirt,[17] in welchem der Meister auf Grund der bei ihm von den Deputirten der harrischwirischen Ritterschaft über die erwähnte Maßregelung der Dominikaner erhobenen Klage die Abstellung aller Beschwerden verlangte, also die Ausfolgung der Kleinodien, die Gewährung freien Gottesdienstes und ungestörter Seelsorge der Mönche und die Fernhaltung der Stadtprediger vom Kloster; endlich die Auslieferung einiger entwichenen Nonnen. Es wird sich nicht leugnen lassen, daß das Schreiben freundlich gehalten ist, was ja ganz in Plettenbergs Art lag. Aber es fehlt in ihm auch jede Spur eines Tadels der neuen Lehre: sogar die Klage erscheint in ihm, nach dem Referat zu schließen, denn sie selbst ist nicht erhalten, nicht sowol als ein Zeugnis religiösen Gegensatzes und der Zuneigung zum mönchischen Treiben, sondern als der Ausdruck durch vermeintliche oder wirkliche Gewaltthat und Eigenmächtigkeit gekränkten Privatrechts. Die Ritterschaft durfte sich als geschädigt betrachten, weil viel vom Klostergut von ihr gestiftet war und sie dasselbe nicht in den Besitz der Stadt übergehen lassen wollte; auch mochte sie es für ihre Pflicht halten, ihren gewiß noch sehr zahlreichen katholisch gesinnten Gliedern das Recht auf den

---

[17] Das Schreiben bei Rein, Beiträge u. s. w und darnach bei Hansen, l. c. S. 78 ff.

ferneren Genuß des Klostergottesdienstes zu wahren, für den
dieselben oder ihre Vorfahren Stiftungen gespendet hatten. Es
ist auf den ersten Blick allerdings auffallend, daß die Deputirten nicht auf dem Ständetag, wo die Gelegenheit sich ja von
selbst bot, ihre Beschwerde erhoben und den Ausgleich gesucht
hatten; doch kann sie dem Meister sehr wohl schon damals ein-
gereicht gewesen sein, und man mochte der Sache ihren Gang
lassen wollen. Andererseits ist bei der Ritterschaft, wenn auch
durchaus nicht eine Widersetzlichkeit gegen die neue Lehre, doch
vielleicht eine etwas kühle Haltung zu ihr, sicherer eine von
strengem Rechtsgefühl dictirte anzunehmen. Nur in diesem
Sinne hat Klaus Polle sich positiv vernehmen lassen; in Plettenbergs Schreiben ist der einzige geringschätzige Ausdruck, der
gebraucht worden: „dazu sollen sie (die Mönche) noch von den
Euren und dem verlaufenen Mönch gestäupt und geschlagen
worden sein", auf den Prediger Johann Lange zu beziehen,
der um des Bruchs mit der kirchlichen Ordnung willen, wie
es auch Luther geschehen, von vielen ernsten Leuten doch eine
Zeit lang übel angesehen ward.

Wenn nun in unseren Tagen herkömmlich das Eintreten
der Ritterschaft und Plettenbergs für das Kloster als ein Act
der Feindseligkeit gegen das Evangelium angesehen wird, so
war das in jener frisch erregten Zeit selbstverständlich in hohem
Grade der Fall, und die Antwort der städtischen Menge auf
das Ansinnen der Restauration mönchischer Freiheit war der
bekannte gewaltsame Angriff auf das Dominikanerkloster, der
sich als „Bildersturm" weiter zur St. Olaikirche und zur Raths-
capelle zum Heil. Geist fortwälzte, auch, der Tradition zufolge,
die St. Nikolaikirche erreichte, hier aber am besonnenen Vorgehen eines Bürgers sein Ende fand.

Mit diesem Vorgang kommt der neue archivalische Fund
zur Geltung. Er dient zunächst zur Feststellung des Datums
des Bildersturms, der — es gab bisher keine zeitgenössische Nach-
richt — auf den Abend Kreuzeserhöhung angesetzt zu werden
pflegte. Da nach dem Festkalender unter der Bezeichnung Abend

in der Regel der dem Fest vorhergehende Tag verstanden wird, galt der 13. September als der Tag des Bildersturms. Er hat aber am 14. und nur an diesem stattgefunden, denn für die späte Erzählung im Denkelbuch der St. Nikolaikirche,[18] am 13. sei der Hauptsturm gewesen und am 15. der Versuch auf die gedachte Kirche mißglückt, findet sich kein Beleg. In der hier folgenden Aufzeichnung ist einfach der 14. September angegeben.

„Anno 1524 Donnerstags nach Kreuzeserhöhung (Sept. 15.) hat Ein Ehrsamer Rath allen und jeden, wes Standes und Grades sie seien, geistlich oder weltlich, deutsch oder undeutsch, jung oder alt, ernstlicher Meinung gebieten lassen, daß ein jeder von denen, die am nächstvergangenen Mittwoch (Sept. 14.) bei der Zerstörung der abgöttischen Bilder und Altäre zum Heil. Geist, zu St. Olaf und zu den Mönchen irgendwelch Kirchengut und Kleinodien, als Kelche, Patenen, allerlei Kirchengeschmeide, Pallen, Altardecken, Meßgewänder, Leuchter, Lichte, Silber, Geld, Kisten, Laden, Eisenwerk und allerlei ander Kirchengeräth herausgetragen und weggebracht haben, daß dieselben also mit dem allerersten je eher je lieber solches herbeibringen und wieder einstellen. Sonst will man dieselben für Diebe halten und ernstlich richten überall und bei wem auch solcherlei angetroffen wird.

Desgleichen sollen alle und jede, die irgendwelche geschnitzte und gemalte Tafeln und Bilder in St. Klaus Kirche haben, solche bis zum nächsten Sonntage (Sept. 18.) abbrechen und fortbringen lassen bei Verlust, und Einbuße derselben. Auch soll sich niemand, er sei deutsch oder undeutsch, jung oder alt, erdreisten, hier in der Süsternkirche, im Dome oder zu St. Klaus, auch St. Antonius irgend Störung und Ueberfall im Antasten und Abbrechen der Bilder daselbst anzurichten. Hiernach wisse sich ein jeder zu richten". (Urk. Nr. 1).

Dieses Mandat des Raths vom 15. Sept. ist das erste in der Reihe denkwürdigster Documente energisch und besonnen ge-

---

[18] Hein, Beiträge u. s. w.; darnach Hansen, l. c. S. 15.

übter Autonomie, deren Aufgaben sich die Stadt auf dem ihr neuen kirchlichen Gebiet gerade so gewachsen zeigte, wie zuvor Jahrhunderte hindurch auf dem des Rechtslebens und der Verwaltung. Bisher war alles ruhig und glatt gegangen; das so lang verborgene Wort Gottes ward frei geprebigt von allen städtischen Pfarrern auf ihre eigene Initiative, unter Billigung der Gemeinde und der städtischen Obrigkeit, ohne jeglichen Widerstand; die Stadt war evangelisch geworden sonder Kampf, ohne daß ihr im ganzen oder den Einzelnen es recht zum Bewußtsein gekommen sein mochte, daß sie innerlich sich schon geschieden von allem, was als Recht und Ordnung noch galt in der Welt, zumal nach des Landes so eigenthümlichen Satzungen. Da ward das Bewußtsein plötzlich geweckt durch des Herrmeisters ernste Mahnung — und das evangelische Freiheitsgefühl, gesteigert durch die Selbstüberhebung der Neophyten, brauste plötzlich auf und, da die Erscheinung und gar der Moment ihres Eintritts nicht erwartet sein wird, ungezügelt in der Masse der niederen Bürgerschaft und gedachte rein Haus zu machen mit der Möncherei, die verhaßt war durch ihren Wucher, ihre Erbschleicherei, ihr Prassen und nun durch ihre Klage und den Schutz, den sie gefunden. An den Haß der Bürger schloß sich, war der Impuls zum Tumult einmal gegeben, ganz von selbst der beutegierige Pöbel und das lose Schiffervolk des Hafens; denn auf das Vorhandensein solcher Elemente deutet das Mandat des Raths doch hin. Aber nur einmal konnte die jeder großen Bewegung der Massen innewohnende Zuchtlosigkeit zur Geltung gelangen; im selben Augenblick, da sie sich zeigte, begriff auch der Rath, daß für ihn die Stunde des Handelns gekommen und er die Bewegung führen müsse, die er weder niederhalten wollte noch konnte. Sofort am Morgen nach dem Bildersturm hat er sein Programm entworfen, und man wird zugestehen, daß es ihm weder an Klarheit der Ziele noch an Energie des Ausdrucks fehlt. Kein Wort des Tadels über den Vorgang, keine Ahndung; der Antrieb dazu wird durch das Gebot, binnen drei Tagen alle Bilder aus der reichen städti=

schen Pfarrkirche zu St. Nikolaus zu entfernen, gleichsam gerechtfertigt; zugleich aber auch nur der religiöse Antrieb vorausgesetzt: jeglicher Hehlung des abhanden gekommenen Kirchenguts wird die strenge Strafe des Diebstahls verheißen. Doch nur einmal wird über die leidenschaftliche Explosion der Erbitterung, der Selbsthilfe der Menge der Schleier gebreitet. Vor jedem neuen Excess in dieser Richtung, sei es in den Kirchen, wo das Wort Gottes lauter und rein geprebigt, oder in solchen, wo das Brevier gebetet wird, wird strenge gewarnt. Und bei den vielen Zeugnissen aus den folgenden Monaten haben wir keine Notiz, das irgend etwas dergleichen sich wiederholt, daß eine neue Mahnung nöthig gewesen. Wir dürfen schließen: wie das Mandat des Raths trotz dem Aufruhr vor wenigen Stunden das Bewußtsein ungeschwächter Autorität athmet, so ist diese in der That ihm auch voll geblieben.

Eine zweite undatirte Aufzeichnung (Urk. Nr. 2), die zwischen den 15. und 19., wahrscheinlich auf den 17. September zu setzen sein wird, zeigt, daß den Predigern nicht weniger als dem Rath das rechte Wort und die rechte Haltung zur rechten Stunde zu Gebote gestanden, mögen sie die folgende Schrift nun aus eigenem Antriebe oder auf Aufforderung des Raths abgefaßt haben. Die Kanzleiaufschrift am Kopf der Eingabe lautet:

„Diese Artikel sind durch Herrn Johann Lange, Herrn Hermann Marsow und Herrn Zacharias Hasse, die evangelischen Prediger, um daraus einen Entwurf christlicher Ordnung in den Kirchspielskirchen und Kirchspielen zu verfassen, Einem Ehrb. Rathe und Gemeinde der Stadt Reval übergeben".

Der Titel, den die Verfasser selbst ihrer Arbeit gegeben, ist gleich sehr charakteristisch:

„Ein Entwurf christlicher Ordnung im kirchlichen Regiment, aufgesetzt und vereinbart durch die drei evangelischen Prediger zu Reval, darin nun auch in allen berlei Geschäften E. E. Rath und die Aeltesten ganzer Gemeinde ihren guten Rath und Meinung haben sollen".

Nach gewonnener Kenntnis dieser beiden Sätze sind allem zuvor die beiden gangbaren Namen Johann Massien und Heinrich Böckhold für immer aus der Zahl der ersten Reformatoren Revals zu streichen. Die stricte Bezeichnung „die drei evangelischen Prediger zu Reval", zusammengehalten mit den von der Rathskanzlei angegebenen drei Namen, läßt eben keine andere Folgerung zu. Zu den stets genannten Joh. Lange und Zach. Hasse tritt nun Herm. Marsow, von dem wir hierdurch erfahren, daß er gleich von Dorpat nach Reval gekommen ist, wo er noch im Jahre 1529 in Thätigkeit sich befindet. Eine verdorbene Spur trüber Erinnerung an ihn mag vielleicht in „Joh. Massien" zu finden sein. „Heinrich Böckhold" ist augenscheinlich durch irgend ein Misverständnis, dem ich nicht nachgehen kann, mit dem Superintendent Heinrich Bock (1540—49) verwechselt und dieser somit in der Geschichte Revals verdoppelt worden. So wird der wichtige Personalbestand der ersten Jahre der revaler Reformationsgeschichte mit einem Male durch den glücklichen Fund klar gestellt.

Als erstes empfehlen die genannten Prediger, nach dem Gebet zum allmächtigen ewigen Gott um Verleihung seines Geistes, die Wahl eines evangelischen Pastors,[19] wie zu Riga und einigen anderen Städten geschehen; und der erwählt worden, möge ohne Weigerung mit einem christlichen Herzen unerschrocken die kirchlichen Dinge nach der heil. Schrift anfangen und ordnen, darin ihm dann Rath und Gemeinde allzeit behilflich sein wollen. Dieser Pastor, sei er zu St. Olaf oder zu St. Nikolaus, hat seines täglichen Amtes nicht etwa nach einzelnen Weisungen des Raths und der Gemeinde zu warten, sondern er allein sei der Oberste in allem kirchlichen Regiment, auch

---

[19] So auch im niederdeutschen Text; aber offenbar im prägnanten eigentlichen Wortsinn als Hirt, Oberhirt gefaßt, wie später ausdrücklich. Wol zu bemerken ist, daß hier zum ersten Mal in der Reformationsgeschichte überhaupt des Amtes des „obersten Pastors" oder des Superintendenten Erwähnung geschieht. Vgl. Ad Frantz, Die evang. Kirchenverf. u. s. w. S. 52, Anm. 1.

über den anderen Pastor in der anderen Pfarre; der thue oder hebe nichts an ohne Willen und Wissen des erwähnten obersten Pastors. Denn zwei Häupter in einer Gemeinde können nicht wol einträchtig regieren. — Wie aber dieser Pastor allmählich und glimpflich alle Dinge in der Kirche einrichten und abschaffen soll mit Rath und Wissen E. E. Raths und der ganzen Gemeinde, wird sich mit der Zeit aus der Schrift wol lehren. Und es sei denn, daß man diese Dinge nach dem obigen ernstlich anfange, wird nimmer ein gut Regiment in kirchlicher Ordnung angehoben.

Ein zweites eiliges Erfordernis, sagt die Denkschrift weiter, wäre die Errichtung einer gemeinen Kiste in beiden Pfarren für die Armen. „Was darin zu geben ist, wird Gott einen jeglichen wol lehren". Zunächst gehört hinein aller Schmuck der abgöttischen Bilder; darnach die Capitalstiftungen zu Messen und anderen geistlichen Zwecken, aber diese nicht zur Stunde, sondern nach Zeit und Bequemlichkeit. Ferner werden die evangelischen Prediger wol von der Kanzel erklären, wie ein jeder seine milde Hand den Armen reiche, daß die Kiste nicht vergeblich dastehe. — Deshalb seien ehestens freundlich und ernst den Pfaffen und Priestern ihre Einkünfte zu kündigen, so daß sie sich darnach zu richten wüßten; nach Michaelis (Sept. 29.) sollte man ihnen das Geld nicht mehr entrichten. Also müße man brüderlich handeln, auf daß die Alten besorgt würden und die Jungen sich anschickten, ihr Brod hier, so es möglich, oder in anderen Städten zu erwerben. Die Stiftungscapitalien aber sollten nach Michaelis in die gemeine Kiste kommen, sofern es die betreffenden Stifter wollen und nicht das Geld ihren armen Freunden zum Besten nöthig haben. Zur gemeinen Kiste müßten Vormünder und Austheiler gesetzt werden, etwa einer oder zwei aus dem Rath und aus jeder Gilde einer, Männer, die den Glauben haben und Gott fürchten, die Schlüssel zu bewahren und niemandem etwas zu geben, es sei denn nach dem Rathe des evangelischen Pastors, der erkennen soll, wem es nöthig sei; sonst würde große Unzufriedenheit und ein böses Gerede entstehen. Was sich weiter hierbei zu thun ergiebt, soll mit der Zeit unter Gottes Beistand verhandelt werden.

Diesen beiden grundlegenden Vorschlägen schließen sich zeitweilige Wohlfahrtsmaßregeln an. „Jeder möge wissen, daß offenbare Schande, Sünde und Laster nicht geduldet werden, wie zu Riga und in vielen anderen Städten. Darum ist unser Rath: man sage den losen Frauenspersonen an, bis Michaelis sich vorzusehen. Was dann heimlich geschieht, kann man nicht richten. Aber Offenbares, das soll seine Strafe haben, je nach ihrer Zeit zu erkennen. So dies gehalten wird, wird manchem jungen Gesellen Ursache gegeben, übler Gelüste sich zu enthalten und in den ehelichen Stand zu geben".

„Auch ist für gut angesehen, daß man drei oder vier Mönchen fürs erste, die diesem göttlichen Regimente vornehmlich entgegen sind, die Schuhe sende. Darauf schließe man ihnen die Kirche und verbiete ihnen das Läuten, wie zu Riga geschehen, und bringe ihnen die reinlichen Kranken. So welche von ihnen die nicht haben, noch trösten wollen, die mögen gehen. Also werden sie sich selbst ohne Verfolgung zerstreuen".

„Auch ist unsere demüthige Bitte: man lasse entbieten den beiden Predigern am Dom und allen anderen, die einen tüchtigen und höfischen Mund haben und ihnen selbst unbewußt auf das heilige Gotteswort hinführen: so sie etwas Unrechtes des Wortes halben von uns gepredigt wissen oder etwas Unehrliches, wie sie ohne Scham von uns schreiben, daß sie hier herabkommen; wir wollen alsbann mit Gottes Hilfe sie in allen Stücken mit dem besten in göttlicher und dienstlicher Unterweisung widerlegen. Und so sie dazu nicht geneigt, werde für gut erkannt und wäre es nöthig für die Schwachen im Glauben, daß an heiligen und Festtagen man die Dompforte bis nach ihrer Predigt zuhielte".

„Was mit der Zeit mehr in einem guten kirchlichen Regimente zu thun sein will, wird man, wenn der evangelische Pastor in Gott erwählt und bestätigt ist, nach Ausweisung seines fleißigen Amtes, dessen er schuldig, wol spüren".

Es bedarf kaum eines Beweises, daß diese hier nahezu wörtlich wiedergegebene Denkschrift den Bildersturm vom 14. September ebenso zur Voraussetzung habe, wie den Entschluß des Raths und der Gemeinde jenes Ereignis als Aeußerung eines innerlich schon vollzogenen Bruches mit der kirchlichen Anschauung und Ordnung zu betrachten. Da am Donnerstag das Mandat des Raths erging, am Montag darauf, wie wir gleich sehen werden, schon die eine Neuregelung der kirchlichen Verhältnisse constituirenden Schritte gethan wurden, die Prediger doch auch einiger Zeit bedurften, ihre Vorschläge zu bedenken und zu formuliren, ergiebt sich es als wahrscheinlich, die Eingabe der Schrift etwa auf den Sonnabend früh, den 17. Sept., zu setzen, da an demselben Tage, weil der folgende ein Sonntag war, die Stände über sie schlüssig geworden sein müssen.

Freilich, einer im großen und ganzen evangelisch gesinnten Gemeinde war es nicht schwer gemacht, über die aufgestellten Grundsätze und die aus ihnen resultirenden Maßnahmen zur Einigung zu gelangen. Sie mußten an sich ihrer Billigung sich empfehlen und gingen ja von den Männern aus, deren Wort Bedürfnis und Fähigkeit zur Erneuerung der kirchlichen Zustände gezeitigt hatte. Der christlich brüderliche Geist der drei Prediger, die fern von jeder Herrsch= und Eifersucht die Einheit der evangelischen Gesammtgemeinde hervorhoben und zu ihrem Besten sich jeder dem Einen, der zum obersten Pastor erwählt würde, unterzuordnen bereit waren; das männliche Selbstgefühl und die besonnen abwägende Billigkeit, mit der die Grenzen zwischen der weltlichen und geistlichen Machtsphäre durch sie bezeichnet waren; die an die apostolische Zeit erinnernde praktische Fürsorge für die Armen, als erste Pflicht der evangelischen Gemeinde vor Augen gestellt, und doch dieser Liebessinn, baar jeglicher Schwärmerei, gepaart mit Energie sowol wie mit Gerechtigkeit; die Mäßigung gegen die Gegner des Wortes Gottes und zugleich die staatsmännische Klarheit der Einsicht, daß beim Kampf um die Existenz der Feind, wenn nicht zu ge=

winnen, auch nicht in der eigenen Mitte zu dulden sei; die
innere Freiheit dieser drei Männer, an deren Wirken zu=
nächst die Keimkraft des Evangeliums in Reval gebunden war,
die sie bescheiden und offen aussprechen ließ, daß ihre persön=
lichen Widersacher auch die der Kirche und der Stadt seien;
endlich neben dem sittlichen Ernst, der die ganze Eingabe er=
füllt, in Kraft des Glaubens die weise Beschränkung der Vor=
schläge auf das Nothwendige, die Abwesenheit jeder Hast und
Vielgeschäftigkeit, welche dem Morgen nicht Zeit läßt: — all
diese aus der Denkschrift hervorleuchtenden Züge zeigen uns erst,
was Reval an seinen Reformatoren besessen, deren Name uns
bisher wenig mehr als ein bloßer Schall gewesen. Wie mögen
sie gewirkt haben auf die Zeitgenossen, die gewohnt waren, an
ihren Lippen zu hangen!

Die Annahme der beiden ersten Propositionen durch den
Rath und die Gilden[20] hat die Institutionen der Superinten=
dentur und des Gotteskastens ins Leben gerufen. Ueber die
zu denselben erforderlichen Wahlen berichtet das Protokoll
(Urk. Nr. 3):

„Im Namen der heiligen Dreifaltigkeit. Amen. Anno
1524 Montags nach Lamberti (Sept. 19.) ist E. E. Rath
und ganze Gemeinde dieser Stadt Reval hier auf dem Rath=
hause sämmtlich vereint gewesen, der Meinung einen rechten
evangelischen Pastor zu erwählen. Und haben unter dem
Beistand göttlicher Gnade als einen evangelischen obersten
Pastor und Seelsorger beider in dieser Stadt belegenen
Kirchspiele mit einträchtiger Stimme eligirt und gekoren den
erfahrenen wohlgelehrten Herrn Johann Lange, vormals

---

[20] Ueber diesen Act liegt noch kein Document vor; daß aber nicht
der Rath allein als städtische Obrigkeit, sondern alle Stände der Stadt
den constitutiven Beschluß gefaßt, darf aus der gemeinsamen Vollziehung
desselben gefolgert werden und scheint hinsichtlich des Gotteskastens durch
die Analogie mit dem unten folgenden Mandat vom 3. Sept. 1525
(Urk. Nr. 14), das auf gemeinsamen Beschluß gegründet ist, seine Bestä=
tigung zu finden.

Prediger zu St. Klaus, welchem, nachdem er vorgeladen und erschienen, das Kirchenregiment und die Verpflichtung zur Seelsorge allerfleißigst auferlegt und befohlen ist, sich ihrer zur Ehre Gottes und Besserung der ganzen christlichen Gemeinde also anzunehmen, wie er vor Gott und jedermann davon Rede und Antwort zu geben gedenke. Zugleich ward ihm auch daselbst ferner in Befehl gegeben, etliche tüchtige und gefällige Kirchendiener und Mithelfer im göttlichen Wort beiden Kirchspielen zu gute mit Rath und Willen derselben anzunehmen und diese damit zu versorgen, so weit es derhalben noth thut. Er soll auch befugt sein, mittelst ihrer Hilfe und Beistand eine christliche Ordnung in allen Kirchen zur Abhaltung eines rechten wahrhaftigen Gottesdienstes einzurichten, die Dinge mit der Gnade Gottes also anzufangen und fortzusetzen, wie sie nach der Schrift am füglichsten sowol für die Kranken (sc. im Glauben) als für die mehr Schwachgläubigen Bestand und Statt [21] haben mögen".

„Dies anzunehmen hat gedachter Herr Johann sich etliche Male geweigert, jedoch endlich nach stetem Begehr E. E. Raths und der Gemeinde nicht ohne Beschwerung seines Gemüthes angenommen. Ferner ward darnächst allenthalben bewilligt und beliebt, daß allerlei Vicarien, Renten und anderes Gott dargebrachtes Geld mit Willen derjenigen, die dafür sorgen, dem gemeinen Kasten der Armen zu-

---

[21] Hier, wie an mancher anderen Stelle, ist die Entscheidung recht schwierig, ob die prächtige Knappheit des niederdeutschen Ausdrucks in der Uebertragung wiederzugeben oder ob zu leichterer Verdeutlichung durch Umschreibung die alte Stilistik zu opfern sei. Für letzteres habe ich mich nur selten entscheiden mögen. So ist hier durch bostan und stede haben gewiß den beiden Gesichtspunkten Rechnung getragen, die bei Ausarbeitung einer Gottesdienstordnung in Betracht kommen mußten: was nach Maßgabe der heil. Schrift vom alten Cultus bestehen (bostan) bleiben könne, und was nach demselben Kanon Neues in den Gottesdienst Aufnahme finden (stede haben) müsse. Vgl. S. 35 oben zu Ende der ersten Proposition umgekehrt: „einrichten und abschaffen".

gekehrt und darein gelegt werden soll."²² Weiter wurden daselbst einträchtig der erwähnten Kasten Vormünder gekoren und erwählet in beiden Kirchspielen den Einkünften und Ausgaben der Kasten vorzustehen".

Es folgen die Namen der Gewählten: in jedem Kirchspiel je ein Rathsglied, zwei Glieder jeder der drei Gilden und ein Glied der Schwarzenhäupter.

Damit waren die ersten Organe der evangelischen Gemeinde geschaffen, war dem Bedürfnis des Glaubens= und Liebeslebens dieser sich auf die heilige Schrift allein gründenden Gemeinschaft Rechnung getragen. Erst nach und nach, wol je nach dem sich die Nothwendigkeit dazu unumgänglich ergab, wurden diejenigen Rathschläge der Prediger befolgt, welche einerseits den Schutz der Gemeinde gegen Angriffe auf das, was sie sich erworben, bezweckten, andererseits ihr die Grundlage gedeihlicher innerer und äußerer Entwickelung sichern sollten. Feinde der reinen Lehre und der auf sie gebauten neuen kirchlichen Ordnung gab es immerhin in der Stadt, und sie mochten bei dem ruhigen Verlauf der Dinge und der Milde der städtischen Obrigkeit wol allzu kühn geworden sein. Da erließ der Rath am 28. October ein ernstes Mandat an alle,

„die dieser Stadt genießen, gebrauchen oder sich in ihr aufhalten wollen, daß dieselben an keinem Ort heimlich oder öffentlich ihre unnützen lästerlichen, verächtlichen Worte, Schelte oder Hohnsprüche führen und ausgehen lassen gegen das geprediate Wort Gottes und die evangelischen Pastoren, Prediger und Anhänger desselben, bei ganz strenger Pön und Strafe, die die verkehrten Gotteslästerer und muthwilligen Anfechter der göttlichen Wahrheit ihrer eigenen Schuld nach überkommen soll". (Urk. Nr. 4.)

Nicht zum wenigsten werden die Mönche des Schwarzen Klosters darunter verstanden sein, die, wenn auch eingeschüchtert,

---

²² Die Errichtung des gem. Kastens war also schon bewilligt und nur diese zweite der oben vorgeschlagenen Einkommensquellen wurde jetzt beschlossen.

das heimliche Lästern kaum gelassen haben mögen. Directe Klagen hierüber liegen aus diesen Herbstmonaten wol nicht vor. Auch hatten seit dem 14. September sie keine Störung und Maßregelung zu erdulden gehabt; der Rath hatte hierin dem Ansinnen der Prediger noch nicht nachgegeben. Um so mehr aber erbitterte das Gerücht, und, wie sich herausstellte, ein sehr begründetes, daß sie im stillen einer nach dem anderen das Kloster verließen und das Klostergut in Geld, Verschreibungen, Kleinodien und allerlei Werthsachen mit sich entführten. Die Mönche selbst hatte man kein Verlangen zu halten; wol aber das Vermögen an Inventar und Stiftungen, das die Stadt, als in ihrem Weichbilde belegen, unbestritten zu beaufsichtigen und zu verwalten hatte, das sie auch, mit zweifelhafterer Berechtigung, als ihr Eigenthum ansah. Auf Antrag der Gilden wurde am 12. Januar 1525 vom Rath und der Gemeinde die Ausweisung der Mönche beschlossen. Die Ausführung dieses Beschlusses mit der ganzen Untersuchung des Klosters und dem durch Einzelhaft der Klosterbeamten erlangten Eingeständnis ihrer Hehlerei hat ausführliche actenmäßige und äußerst drastische Darstellung gefunden.[23] Ehe die Mönche mürbe gemacht waren und ihr Leugnen und Schweigen gebrochen, hatte der Rath zum Ziele zu kommen gesucht durch den strengen Befehl am 22. Januar, dem zufolge jedermann, der irgend etwas aus dem Schwarzen Kloster zu treuer Hand oder sonst wie empfangen und bei sich habe, solches auf das Rathhaus bringen solle, widrigenfalls er ebenso, wie anläßlich des Bilderjturms geschehen, als Dieb und Hehler bestraft würde. (Urk. Nr. 5.)

Wenn auch dem Rathschlag der Prediger, in der Steuerung öffentlicher Unzucht Reval eine Ausnahmestellung unter anderen Städten einnehmen zu lassen,[24] nicht Folge gegeben

---

[23] Hansen, l. c. S. 79—89 und Urk. VIII.

[24] So scheint mir oben S. 36 der Satz aufgefaßt werden zu sollen. Die dem widersprechenden Bestimmungen über die Kirchenzucht in so vielen Kirchenordnungen (vgl. Frantz, l. c. S. 80), sind insgesammt aus späteren Jahren.

warb, so schritt man doch mit hohem Ernst gegen die sehr verbreitete Spielwuth ein. Zu Beginn der Fastenzeit, am Mittwoch nach Invocavit, unserem heutigen Bußtage, machte der Rath unter sich ab, daß keines seiner Glieder innerhalb der Stadtmark sich an irgend welchem Spiel betheiligen solle, bei zehn Mark Buße[23] in jedem einzelnen Fall des Zuwiderhandelns (Urk. Nr. 6.). Das gleiche Verbot für jedermann wurde dann am folgenden Sonntag verkündet (Urk. Nr. 7.). Zugleich wurde den armen Bürgern Roggen zu Brodkorn in kleinen Quantitäten zu Losen und halben Pfunden zu billigem Preise, das Lof zu 15 Pfennigen, abgegeben; aber nachdrücklich gewarnt, sich diese Wohlthat zu unrechtem Erwerb, zur Aufkäuferei zu Nutzen zu machen. Am 19. März, wieder Sonntags darauf, wurde öffentlich geboten, „einen höfischen Mund zu haben auf Fürsten, Herren, Gutemannen, Räthe und Städte, auf Frauen und Jungfrauen, auch der eine auf den anderen, bei ganz ernstlicher Strafe, die der Rath sich nach Ermessen vorbehält" (Urk. Nr. 8.). Ein Gebot, das sowol, im Zusammenhang mit den obigen betrachtet, eine Mahnung der christlichen Obrigkeit an die christliche Gemeinde sein kann, dem Nächsten keinen bösen Leumund zu machen, als auch hervorgehen mochte aus dem Bemühen des Raths, die Stadt möglichst vor Klage und Zwist mit den Römischgesinnten und mit den Gliedern der Ritterschaft zu bewahren, die um der Klöster willen in arge Spannung mit der Stadt gerathen waren. Denn wenn auch das Nonnenkloster ganz unbehelligt geblieben, so hatten doch einzelne der abligen Insassen ohne Wissen und Willen ihrer Angehörigen den Schleier mit dem Kranz vertauscht und Aufnahme in der Stadt gefunden. In Klagen beim Meister wurde der Rath dafür verantwortlich gemacht; er replicirte mit der Aufforderung, die Klosterthüren verschlossen zu halten, da dann niemand entweichen und niemand einbringen könne. Bei herannahender Osterzeit mag von der

---

[23] Ein Rosenobel, also die größte damals hier gangbare Goldmünze, wurde nach der Münzvereinigung von 1525 zu 9 Mark gerechnet.

papistischen Kanzel des Doms in besonders haranguirender Weise gegen die abgefallene Stadt gepredigt worden sein, dies wieder Erregung der Gemüther unten erzeugt haben und somit war der Augenblick gekommen, auch der letzten Mahnung der pastoralen Denkschrift ein Genüge zu thun, indem der Rath jeden Anlaß zu gegenseitiger Störung nach Kräften abzuschneiden suchte. Am Sonntage Jubica, den 2. April, wurde allen, die in der Stadt wohnten und verkehrten, geboten,

„daß sich niemand von ihnen erdreiste, hier aus der Stadt zu Dome zu gehen und daselbst Messe, Predigt und anderen Kirchendienst zu hören. So jemand dawider handeln wird, der mag auch daselbst zur Mahlzeit bleiben [26] und sich der Stadt hinfort enthalten. Imgleichen sollen diejenigen Priester, die hier in der Stadt wohnen und im Dom Messe zu halten pflegen, sich des Doms hinfort enthalten oder, so sie dazu nicht geneigt, bis Ostern ihre Häuser und Wohnungen räumen und daraus ziehen".

„E. E. Rath läßt auch imgleichen gebieten, daß ein jeder sich des Jungfrauenklosters enthalte und sich um die Jungfrauen daselbst ohne Willen und Zulaß ihrer Eltern oder nächsten Freunde nicht kümmere, auf daß ein jeder unbeschuldigt und der hieraus zu besorgenden Mühe und Verdrusses entlastet und überhoben bleibe". (Urk. Nr. 9.)

Es läßt sich nicht verkennen, daß in all diesen Maßnahmen eine Kraft und Mäßigung der Obrigkeit oder auch eine besonnene Haltung der Bevölkerung bezeugt wird, die erst ins Licht tritt durch den Blick auf die Schwesterstädte, wo in Riga im November des verflossenen Jahres „man bereits den katholischen Gottesdienst ganz verbannen wollte und das Capitel zwang, die Domkirche zu schließen, Messen und Vigilien abzustellen"[27] oder

---

[26] D. h. seine Haushaltung haben.
[27] Hildebrand, l. c. S. 17: „Der Meister verwies darauf, daß selbst noch in der Schloßkirche zu Wittenberg alle Gesänge und Messen nach Ordnung der heil. Kirche gehalten würden; weiter als dort dürfe man auch hier nicht gehen. Sie sollten deshalb die Domkirche wieder öffnen lassen;

wo in Dorpat am 10. Januar des laufenden Jahres man vom Bildersturm sogar zum Sturm auf das bischöfliche Schloß sich fortreißen ließ. Will man nicht der haltlosen Annahme zuneigen, Reval hätte damals ganz besonders hervorragender Männer nicht nur unter den Predigern und dem Rath, sondern auch unter der Bürgerschaft sich erfreut, so wird man kaum anders können, als den wohlthuenden Charakter, den der Gang der Reformation in Reval und die Gesammtheit der mitgetheilten Acte aufweisen, auf den Einfluß des Wortes Gottes zurückzuführen. Bei der geschilderten Sachlage, unter welcher es wirksam wurde, auf dem Wege geregelter Ordnung, der anfänglich beibehalten werden konnte, um dann, als er theilweise verlassen werden mußte, sofort einer neuen, aber wohlabgesteckten Bahn Raum zu machen, bei der selbständigen Stellung der Stadt, die jede Tendenz ausschloß das Evangelium zum Hebel weltlicher Freiheit zu machen, vermochte dieses ungehemmt durch menschliche Leidenschaften und Nebengedanken sich als eine Kraft zu bewähren zur Erneuerung des sittlichreligiösen Lebens. Und ich kann es nicht leugnen, daß der erste Eindruck, den ich beim Lesen aller mitgetheilten Schriftstücke aus diesem Erstlingsjahr der evangelisch-lutherischen Kirche Revals gewann, auch jetzt noch, nach wiederholter Betrachtung der Ereignisse im Zusammenhange, in gleicher Weise sich mir erhalten hat: daß damals hier in der gesunden realistischen Richtung Luthers etwas von dem Geiste gewesen, der später und anderswo im Sinne des krassen Idealismus Calvins den Versuch der Gründung einer civitas Dei, eines Gottesstaats, wagen durfte. Hat die fernere Entwickelung mit dem Anfang nicht gleichen Schritt gehalten und hat sich ihr Charakter überhaupt verändert, so bleibt es nichtsdestoweniger für die durchbringende Erkenntnis der gemeinde- und verfassungbildenden Principien der evangelisch-lutherischen Kirche höchst wichtig, daß auf ihrem Boden die Fundamente einer eigenthümlichen Organisation gelegt werden konn=

falls sie sich aber davon beschwert fühlten, wenigstens das Messelesen bei verschlossenen Thüren gestatten". Für das Datum des 10. Januar S. 19.

ten, für die ein zweites Beispiel immerhin noch nicht nachgewiesen ist. Wir lernen dieselbe weiter kennen aus den Vorschlägen, durch welche Johann Lange dem ihm gewordenen Auftrag zur Einrichtung einer Gottesdienstordnung nachzukommen beflissen war. Es ist zwar noch nichts im einzelnen ausgearbeitet, wie es die Brismannsche Gottesdienstordnung in Riga vom J. 1530 bietet, es sind nur Grundsätze, die aufgestellt werden, oder es wird der Blick auf die wichtigsten Erfordernisse hingeleitet; was aber als solche angesehen wird und wie das Verhältnis der bei der Instituirung zusammenarbeitenden Factoren sich gestaltet, scheint doch von hohem Interesse.

Unter den „Artikeln, den Gottesdienst belangend, von Herrn Johann, dem evangelischen Pastor, dem Rathe übergeben" (ohne Datum, Urk. Nr. 10) findet sich als erster Gesichtspunkt hervorgehoben,

„daß aller Gottesdienst in deutscher Sprache geschehen soll, es seien Gesänge oder Messen (d. i. Liturgisches), sonderlich die Messe nach Einsetzung des allmächtigen Gottes (die Einsetzungsworte des h. Abendmahls). Falls da welche sind, die ihre Testamente vorfordern, soll man das denselben, nachdem sie zuvor ihren Glauben vorgesungen, geben".[28]

„Bei jeder Kirche sollen vier Diener sein, deren regelmäßige Versorgung zu ordnen ist, ohne daß der Pastor die fortwährende Mühwaltung darum habe; dazu sind Männer zu verordnen, die ihnen ihre Besoldung anweisen und auch dem Pastor die Küster beschaffen, daß es gleichförmig zugehe".

Es wird als billig bezeichnet, die Kirchenhäuser den Kirchendienern einzuräumen.

Ferner wird die Fürsorge des Rathes auf die Errichtung

---

[28] Ohne andere Deutungen auszuschließen, erkläre ich mir diese doch dunkle Stelle folgend: Falls nach der Verlesung der Einsetzungsworte des h. Abendmahles, die einen Bestandtheil des ordentlichen Gottesdienstes bildet, einige aus der Gemeinde das Sacrament, also ihren Antheil am Vermächtnis des Herrn, zu genießen wünschen, sollen sie dasselbe empfangen, nachdem sie zuvor ihr Glaubensbekenntnis gemeinsam singend abgelegt haben.

einer Schule zu St. Nikolaus gelenkt, „auf daß man die Kinder in guten Lehren und Tugenden instituiren möchte". Seine Entscheidung wird gefordert, wo die Woche über die Predigt gehalten werden soll, ob in den Pfarrkirchen oder in der Klosterkirche. Ihm wird empfohlen, die Armen zu verzeichnen und ihren resp. Herren sie namhaft zu machen, „damit diese sie vorfordern in dieser Zeit, und auch dem Landesfürsten zu vermelden, welcher Weise mit den armen Leuten verfahren wird, so daß es mit ihnen nicht christlich zugeht". Es wird gebeten, den Undeutschen eine Kirche zu bestimmen, „da sie Sonntags und auch alle Wochen dreimal möchten christlich unterwiesen werden". Endlich giebt Lange sein Gutachten ab, daß das Sacrament (d. h. was vom gesegneten Brod und Wein bei der Abendmahlsspendung übrig geblieben) im Schrank gehalten werden soll, es sei denn, man widerspreche dem aus der Schrift.[29]

Freitags nach Cantate, d. 19. Mai, ertheilt E. E. Rath Herrn Johann hierauf seine „gute Meinung", zuerst mündlich, vielleicht um erst bessen Äußerungen darüber zu vernehmen, und übergiebt sodann sie ihm schriftlich (Urk. Nr. 11.). Auf das meiste geht er ein, nur zwei Punkte bleiben ohne Antwort: der letzte vom Sacrament und das Anschreiben der Armen.

„Erstens will E. E. Rath Herrn Johann, ihrem evangelischen Pastor, sammt seinen Mithelfern aufgelegt und befohlen haben, allerlei göttlichen Kirchendienst mit evangelischer Verwaltung der Sacramente, Halten der Messen, allerlei Lobgesängen in allen Kirchen in deutscher Sprache also anzuordnen, wie sie das vor jedermann mit Gottes Wort zu verteidigen geneigt sind.

---

[29] Es mochte wol die Anschauung laut geworden sein, daß es an den abgöttischen Cult, der mit der römischen Hostie getrieben wurde, zu sehr erinnere, wenn dem geweihten Brod und Wein, sofern beides nicht zur Verwendung käme, irgend eine Bedeutung beigemessen werde. Lange hält auch hier die Mitte, indem er es aufbewahren läßt, wol um bei der nächsten Spendung des Sacraments es zu benutzen.

"Auf die begehrte Versorgung der Kirchendiener, woher die ihr jährliches Einkommen nehmen sollen, ist beschlossen, daß die Kirchenvorsteher in jedem Kirchspiel das Jahreseinkommen einer jeden Kirche, welches zuvor schon an gestifteter Kirchenrente ihr gehört hat, zu überschlagen und zusammenzubringen haben, davon jeder Priester seiner Gelegenheit nach versorgt werden soll.

"Ist auch für rathsam und dem gemeinen Besten dienlich angesehen, eine Schule zu St. Klaus einzurichten, derwegen auch Herrn Heinrich Dubbersyn und Herrn Simon v. Werben auferlegt, einen gelegenen Ort bei der Kirche hierzu zu beschaffen.

"Die Kirchenhäuser sollen den Kirchendienern allerehestens geräumt und eingethan werden.

"Die Mönchenkirche ist für die Undeutschen bestimmt, um daselbst alle heiligen und Werktage ihnen vorzupredigen und Gottesdienst zu halten.

"Die deutschen Sermone sollen nach guter Ordnung zu gelegener Zeit und Stunde in den Kirchspielskirchen geschehen.

"Die Küster in beiden Kirchspielen sollen von jeder größten Glocke daselbst fürs Todtenläuten 1 Mrk. haben, von der nächstgroßen 24 Sh. und von der anderen gemeinen Glocke 12 Sh. Zu allen Sermonen soll der Küster umsonst läuten lassen."

Für die auskömmliche Fundirung des gemeinen Kastens oder Gotteskastens, wie er später und heute noch genannt wird, hatten die getroffenen Beliebungen sich nicht ausreichend erwiesen. Als die Kastenvormünder sich an den Ueberschlag machten, wird sich gezeigt haben, daß viele, die der alten Kirche ihre jährliche Zahlung geleistet, solche jetzt beanstandeten, z. Th. weil manche dabei in Betracht kommende Fragen praktischer Natur noch nicht gelöst waren, z. Th. weil wol Beschlüsse in der Sache vorlagen, aber noch kein Mandat darüber ausgegangen war. Die Erwartung, die man etwa gehegt haben mochte, daß sich der Uebergang der alten Ein-

künfte der Kirchen an die neue Verwaltung zu veränderten
Zwecken ganz von selbst machen werde, schlug nicht ein. Der
in der Predigerdenkschrift unbestimmt gelassene Termin für die
Zukehrung aller kirchlichen Renten zum gemeinen Kasten schien
der Bürgerschaft im Sommer 1525 gekommen. Am 18. Au=
gust ersuchte eine größere Deputation der Gilden den Rath, eine
Ordinanz in dieser Angelegenheit zu erlassen (Urk. Nr. 13.).
Der Rath erklärte sich auch gleich bereit und stellte als Richt=
schnur das zu Riga hierin befolgte Verfahren hin, demzufolge
er am 9. Sept. der Gemeinde auf der großen Gildestube seinen
Antrag verlesen ließ, „wie es mit allerlei geistlicher Lehnwaare,
jährlichen Gebühren und Einkünften zu halten und wohin die
billig zu kehren seien" (Urk. Nr. 15.).

„Nachdem, heißt es da, allerlei geistliche Lehen und
Stiftung von Gut als Vicarien u. s. w., und allerlei andere
jährliche Einkünfte der Geistlichkeit mit ihrem Zubehör an=
fänglich aus milder Andacht Gott zu Lob und Ehre, wie
man meinte, geschehen und unterhalten sind: so erkennt E.
E. Rath für billig und Gottes Wort eben und gemäß, daß
allerlei jährliche Renten und Einkünfte von allen vorberühr=
ten geistlichen Gütern, die in oberwähnter guter Andacht
Gott gegeben sind, Gott gegeben bleiben sollen und zur
nothwendigen Erhaltung und Versorgung der erwählten evan=
gelischen Pastoren sammt Kirchendienern und der elenden
Armen dem gemeinen eingerichteten Kasten in beiden Kirch=
spielen zum rechten Gottesdienste zugekehrt werden. Doch
so, daß die Lehnwaare einer jeglichen Stiftung bei den vori=
gen Patronen in ihrer Würde (oder in ihrem Werthe) er=
halten bleiben soll. Wäre aber jemand geneigt, das Capital
solcher geistlichen Güter abzulösen, so soll und mag er dieses
Capital mit den aufgelaufenen Zinsen den Vormündern des
gemeinen Kastens, die in beiden Kirchspielen dazu verordnet
sind, wann es ihm gefällt, überantworten; diese sollen dann
hierüber, wie über alle anderen geistlichen Güter und Ein=
künfte glaubwürdig Buch führen und von allem Empfan=

genen und Verausgabten Bericht und Rechenschaft geben, wann man solches von ihnen fordern wird".

Endlich liegt uns ein Mandat des Raths vor (Urk. Nr. 14.), welches am Sonntag, d. 3. Sept., von den Kanzeln verlesen wurde und zwar nicht einen Act kirchenregimentlicher Autorität darstellt, wol aber zur Anschauung bringt, daß der neuerwachte Glaubensgeist in Werken der Liebe sich lebendig zu erweisen beflissen war:

„Kund sei allen und jeden, daß E. E. Rath mit der Gemeinde dieser Stadt gewilligt haben und übereingekommen sind, daß etliche verordnete Bürger morgen um die Mittagszeit in beiden Kirchspielen umgehen und für das angefangene Gebäude des neuen Siechenhauses bitten sollen, dazu ein jeder, so viel ihm Gott verleihet, seine milde Handreichung thun mag".

Am 9. Sept. wird dann noch den „armen Siechen" die Buße zugewiesen, die die Uebertreter des Verbots zu erlegen haben Strauchwerk in ihren Höfen und auf ihren Böden zu halten, anstatt solches außer der Stadt aufzubewahren (Urk. Nr. 16.).

Als die Grundzüge der kirchenregimentlichen Ordnung im ersten Jahre der evangelischen Gemeinde zu Reval dürften sich aus den mitgetheilten Documenten nun wol folgende ergeben:

1. Die oberste kirchliche Gewalt ruht beim Rath, aber nicht nur als städtischer Obrigkeit, sondern auch als oberstem Vertreter der Stadt, welcher von altersher die Ausübung der jura spiritualia eignet. Daher nur rührt

2. die Herbeiziehung und Mitwirkung der in politische Corporationen (Gilden) sowol getheilten, wie auch zusammengeschlossenen Bürgerschaft oder Gemeinde zu einzelnen constitutiven Acten der Kirchengewalt.

3. Das Hauptorgan der Kirchengewalt ist der „oberste Pastor", gewählt und eingesetzt von Rath und Gemeinde, innerhalb seines Amtes mit selbständiger Machtvollkommenheit ausgerüstet, „soweit er sein Thun vor Gott und jedermann zu verantworten weiß", also nicht speciell und allein vor dem

Rathe, vielmehr nur vor seinem Gewissen, falls nicht etwa ein von ihm begangenes öffentliches Vergehen in Frage kommt.

4. Daher ist er nicht einfach ein Diener oder Beamter des Rathes oder hat nur die Bedeutung eines Werkzeugs des Rathes,[30] sondern ist, natürlich nur im Auftrag, Mitinhaber des Kirchenregiments.

5. Die Grenzen seiner Selbständigkeit sind z. Th. noch flüssig; so sehr er selbst für letztere eintritt,[31] zieht er doch oft die Zustimmung des Rathes mehr in Betracht, als dieser für gut hält. In der Ordnung des Gottesdienstes billigt der Rath auf seine Vorstellung und befiehlt sodann den ausschließlichen Gebrauch der deutschen Sprache im Gegensatz zur lateinischen; im Ausbleiben der Antwort auf die das Sacrament betreffenden Fragen ist wol die Anschauung ausgesprochen, daß alle anderen gottesdienstlichen Bestimmungen nur Sache des „obersten Pastors" seien.

6. Die Wahl und Anstellung der Prediger und Kirchendiener, die Festsetzung ihrer Zahl sogar ist Befugnis des „obersten Pastors" mit Rath und Zustimmung des betr. „Kirchspiels", d. h. wol der Kastenvormünder desselben, die wieder ihrerseits, jeder in seiner Corporation, soweit deren Glieder zur betr. Kirchengemeinde gehören, die Wünsche ihrer Mandanten erforschen und vertreten sollen.[32] Sehr bemerkenswerth ist aber, daß der Rath als solcher nichts mit der Wahl und Einsetzung zu thun hat; es genügt ihm an der hervorragenden Mitwirkung zur Wahl und Einsetzung des Hauptes und dann läßt er dieses weiter sorgen.

7. Die Verwaltung des Kirchenguts liegt gänzlich außer

---

[30] So Frantz, die evang. Kirchenverfassung u. s. w. S. 52, 53, und namentlich Anm. 1 daselbst.

[31] Vgl. die Denkschrift der drei Prediger im ersten Vorschlag.

[32] An eine Versammlung der Kirchspielsgemeinde, zu der ja auch Nichtbürger, Beisassen aller Art ohne politische Rechte und Pflichten gehören mußten, ist gar nicht zu denken, weil unorganischen Haufen damals keine Wirksamkeit zugesprochen wurde.

der Befugnis und selbst der Mitwirkung des „obersten Pastors". Er hat nur Pflicht und Recht, Vorschläge nach allen Richtungen kirchlich-ökonomischer Fürsorge zu machen, sowol beim Rathe wie bei den Kastenvormündern der einzelnen Kirchspiele. Vielleicht sind die Armenunterstützungen aus dem gemeinen Kasten an seine jedesmalige Zustimmung gebunden. Dem Rath steht die Aufsicht und die Verfügung über die Kirchengebäude zu; die Verwaltung des Mobiliarvermögens der Kirche gebührt unter seiner Aufsicht den Kastenvormündern.

8. Hinsichtlich der Disciplinargewalt über die Geistlichen und der Kirchenzucht lassen sich keine Andeutungen entnehmen. Die Verordnungen über sittliches Verhalten der Einwohnerschaft erläßt der Rath kraft seiner stadtobrigkeitlichen Gewalt.

Aus diesen, unbeschadet weiterer Wahrnehmungen, die sich etwa machen ließen, hier hervorgehobenen Grundzügen tritt der eigenartige, in der evang.-lutherischen Kirche beispiellose Charakter der ersten revaler Kirchenordnung in der strengen Scheidung der Spiritualien von den Temporalien hervor. Während Rechte und Pflichten in ersteren dem „obersten Pastor" nahezu schranken- und rechenschaftslos übertragen werden, hat er mit letzteren gar nichts zu thun, und Rath und Gemeinde besorgen ausschließlich deren Verwaltung. Es ist keine kleine Anschauung, die uns aus dieser Ordnung entgegentritt.

———

Freilich hat sie, wie berührt, nur kurzen Bestand gehabt. Zur Zeit fehlt uns noch der klare Einblick in die Entwickelung, die von Schritt zu Schritt die kirchlichen Verhältnisse in Reval genommen. Allein einzelne Momente späterer Jahre belehren uns doch, daß der eingeschlagene Sonderweg nicht verfolgt worden, daß Reval schon im Lauf der nächsten zehn bis fünfzehn Jahre, wenn nicht früher, der allgemein geltend gewordenen evangelischen Kirchenregierung sich mehr und mehr angeschlossen habe. Der tiefere Grund hierzu wird wol darin gelegen haben, daß „die erste Liebe" nicht stichgehalten. Die Warnung Luthers in seinem ersten Sendschreiben: „Sehet darauf, daß nicht Galater aus euch werden, die so herrlich anhuben u. s. w." zeigte sich nur zu bald gegründet. Ein unzweideutiges Zeugnis ist Luthers herrliches zweites Schreiben vom 17. Juni 1525. Bereits damals hat er erfahren „durch redliche Zeugen, wie daß Rotten und Zweyung sich sollen auch unter euch ansahen daraus, daß etliche eur Prediger nicht einhellig lehren noch handeln, sondern einem jeglichen sein Sinn und Fürnehmen das beste dünkt". An sie wendet er vornehmlich seine wahrhaft pastorale Mahnung zur Einigkeit, „daß sie die Liebe und ihr Recht ansehen gegen das Volk, und brauchen nicht des Glaubens Freyheit, sondern der Liebe Knechtschaft odder Unterthänigkeit gegen dem Volk, des Glaubens Freyheit aber behalten sie gegen Gott". Dann aber bittet er auch das Volk an solcher Uneinigkeit sich nicht zu ärgern, sich daran zu gewöhnen und zu denken, „es werde mit uns nicht besser sein, denn es mit den Corinthern und andern Christen zun Zeiten St. Pauli war, da auch Rotten und Spaltung im Volk Christi sich regten ... Nichts besto weniger sollen beyde, ihr und eur Prediger, allen Fleiß furwenden, daß einträchtig zugehe und solchem Werk des Teufels gewehret werde". „Meine liebe Herrn, wendet Luther sich an letztere, lasse ein jeglicher seinen Sinn fahren, und kompt freundlich zusamen, und werdet sein eins, wie ihr diese äußerliche Stücke (des Gottesdienstes) wöllet halten". — Die Mahnung hat nun doch keine Frucht getragen, die Prediger werden ihrem „obersten Pastor" sich nicht gefügt haben und der Rath mußte eingreifen und auf Eintracht sehen, zunächst in der Ordnung des Gottesdienstes; da mag denn manche andere Veränderung mehr oder weniger rasch gefolgt sein und er die ganze Kirchengewalt an sich genommen haben, zumal das Beispiel aller anderen evangelisch gewordenen Städte ihn darauf hinwies.

Wenn somit es unserem Lande nicht beschieden gewesen, durch die Entfaltung der in ihm aufgesprossenen Keime eine gesundere Gemeindeverfassung als die üblich gewordene der evangelisch-lutherischen Kirche zur Morgengabe darzubringen, so hat doch wieder jene nothgedrungene erste Fürsorge der weltlichen Macht für die geistlichen Bedürfnisse der Gemeinde den lange dauernden Segen hervorgerufen, der von unseren Städten aus, wie eingangs erinnert wurde, über einen bedeutenden Theil der evangelischen Kirche Deutschlands sich erstreckt hat. Johannes Brismann beginnt die Vorrede zu seinem Gesangbuch unter Hinweis auf die wiederholt an ihn ergangene Aufforderung des rigaschen Rathes „eine beständige förmliche Kirchenordnung (d. h. hier: Gottesdienstordnung) zu verfassen, sonderlich dieweil die von Reval im verschienen Winter (1529) zur Pernau solches auch begierig gewesen sind". Aus seiner Erörterung über Ceremonien läßt sich erkennen, daß Brismann den gemäßigt vermittelnden liturgischen Grundsätzen beipflichtet, die Joh. Lange vertreten hatte und die sich bis auf den heutigen Tag in unseren schönen und reichen Gottesdiensten erhalten haben.

Daß die ruhig besonnene Richtung auf dem Gebiete des Cultus den Ausschlag gab, ist um so dankenswerther, als gerade auf ihm die einmal gelegten Grundlagen am schwersten verrückt zu werden pflegen. Leichter ließ sich mit der Zeit wieder gut machen, was nach anderer Seite hin durch Ueberstürzung verschuldet war. Der Landtag zu Wolmar, der im Sommer 1525 um Mariä Heimsuchung (2. Juli) auf Anregung der drei Städte und namentlich Dorpats durch Walter von Plettenberg zusammenberufen worden, um die Mishelligkeiten zwischen letzterer und Johann Blankenfeld zu schlichten, hat ihnen nicht nur die erwünschte Frucht nicht getragen, sondern das Bündnis, das sie mit den Ritterschaften seit drei Jahren verknüpfte, gelöst und sie isolirt gelassen im ganzen Lande. Denn sie alle, auch Reval mit, hatten nicht Maß gehalten in ihrer reformatorischen Bewegung; sie alle hatten die Schranken, die die Rechte anderer ihrer eigenen Freiheit setzten, außer Acht gelassen: Dorpat fraglos am meisten, denn mit gewaffneter Hand hatte es das Schloß des Bischofs gestürmt und behalten als Pfand für die Gewährung von Zugeständnissen; Riga hatte, der wiederholten

Bilderstürme und Tumulte zu geschweigen, dem erzbischöflichen Territorium in seinem Weichbild die Reform aufgezwungen und die katholische Kirche arg vergewaltigt; Reval endlich, wie schon berührt, sich das Verfügungsrecht über alles der alten Kirche gewidmete Gut zugesprochen, so weit es in seinem Gerichtsbezirk belegen. Alle Mahnungen, Proteste und Klagen dawider waren vergeblich geblieben. Im Eifer für die reine Lehre war der Blick der Städte für Recht und Billigkeit getrübt, bei der einen mehr als bei der anderen, aber in etwas doch bei jeder. Das war nicht der Sinn des Bündnisses gewesen, das noch vor einem Jahr zu Reval erneut und befestigt worden. Die Ritterschaften hatten zugestimmt, keinem der Bundesglieder das Wort Gottes nehmen zu lassen, für dessen Aufrechterhaltung Leib und Gut einzusetzen: im übrigen aber blieb der Grundzweck der Verbrüderung, jeden bei dem Seinen zu bewahren. Was hatte die Predigt des reinen Gottesworts in der Stadt Dorpat mit der Einnahme des Schlosses zu schaffen? was störte es die Freiheit der Bekenner des Evangeliums in Riga, daß im Dom das Hochwürdigste erhoben ward? warum konnte Reval nicht dulden, daß, die es wollten, im Frieden der Klostermauern blieben, in aller Stille unbehelligt in der Väter Weise ihrem Gott zu dienen? Was sollten die Ritterschaften, der Hauptmann und die Räthe jeder einzelnen, ihren Gliedern antworten, wenn die sich beschwerten über die Beeinträchtigung, welche sie in den Städten erlitten? Kam der Einzelne nicht zu seinem Recht, so hatte die Corporation für ihn einzutreten, und es war nicht „nach dem Alten", daß da erst nach dem Bekenntnis gefragt wurde. Sollten die Vertreter der Ritterschaften etwa mit den Städten um des Glaubens willen zusammenhalten und ihre eigenen Brüder schutzlos lassen, zu deren Bestem doch nur sie sich mit jenen verbündet? Und dazu begann die Unruhe auf dem Lande[33], „säumige

---

[33] Wenn auch die Existenz eines Bauernaufstandes in Estland i. J. 1525 nicht mehr auf die 12 Artikel ihrer angeblichen Forderungen gestützt werden kann, nachdem Höhlbaum dieselben als eine niederdeutsche Version

Prediger" wurden beschuldigt, die Bauern zum Ungehorsam gegen die Herrschaft aufzureizen; ebenso der Kaufmann, der über Land reiste; auch Bürger und Gesellen, die in der Stadt Verkehr mit den Bauern hielten, mochten manches unbesonnene Wort geredet, die Erzählung von den Tumulten, der gewonnenen kirchlichen Freiheit manches Gelüste erregt, manches Misverständnis veranlaßt haben. Mit einem Wort: im Laufe von drei Jahren waren nicht mehr die Bischöfe, sondern die Städte die Störer der öffentlichen Ruhe geworden, und daß man sie als solche betrachtete, mußte zunächst Dorpat erfahren, als es seinen Streit mit dem Bischof dem Landtage vorlegte. Es fand sich, nicht ohne Grund, von der Stiftsritterschaft verlassen und vom Meister in aller Strenge zur Unterwerfung unter seine und seiner Stände Entscheidung gemahnt.

Doch war dies nicht das einzige. Die Ritterschaft von Harrien und Wirland hatte mit den Prälaten und den anderen Ritterschaften eine neue Uebereinkunft entworfen. Am Sonnabend, den 8. Juli, trug sie den Entwurf den Rathssendeboten der drei Städte in Gegenwart des Meisters und der Gebietiger vor. Die wesentlichsten Artikel desselben waren: Es sei beschlossen zur Nothdurft und zum Besten dieser ganzen Lande, daß der allerehrwürdigste Herr Erzbischof, die ehrwürdigen Prälaten, der hochwürdige Herr Meister und gemeine Stände dieser Lande verbunden sein, den einen Stand (durch) den anderen in seinen Rechten, Privilegien, Herrlichkeiten und Besitz unverwaltigt zu lassen.

Was die Städte früher eingenommen, sei gerichtlichem Erkenntnis zu unterstellen.

Es geschehe kein Aufruhr, Neuerung oder Veränderung

---

der bekannten 12 Artikel der oberdeutschen Bauern erkannt hat (Forsch. z. deutschen Gesch. Bd. 17, S. 345), so muß doch auf Grund des Recesses von 1525 das Vorhandensein einer gewissen Bewegung und von Fällen des Ungehorsams unter dem Landvolk zugestanden werden. (Urk. Nr. 12.) Vgl. auch Sylvester Tegetmeiers Tagebuch, Rig. Mitth., XII, S. 504: men sege woll we de bueren upstunden gegen ere herren.

weiter in den Landen vor dem nächstkünftigen Concilio, so von kais. Majestät und den gemeinen Ständen des römischen Reiches gehalten wird.

Keine Sachen solle der eine wider den anderen mit Frevel vornehmen, ohne des Rechts unter einander zu gebrauchen. So jemand dawider handelnd befunden wird, soll er von den gemeinen Ständen des Bundes gerichtet und gestraft werden.

Dazu sollen von allen Ständen der Herren Prälaten und des würdigen Ordens gemeine Richter gemeine Sachen im Lande zu richten ungefähr zwanzig, ausgenommen die aus den Städten, deputirt und eingesetzt werden, welches Gericht dies gemeine Land schützen und beschirmen soll. So die ehrsamen Städte die Ihren dazu geordnet haben wollen, soll in ihrem eigenen Gefallen stehen.

Daneben soll eines jeden Standes besonderes Gericht unverrückt bleiben.

Die Sache des Schlosses zu Dorpat halben soll zum Erkenntnis des Herrn Meisters, der Herren Gebietiger und Sr. Gnaden achtb. Räthe stehen, das hat binnen Jahr und Tag zu geschehen; mittler Zeit darf kein Theil wider den anderen Aufruhr erwecken.

Mit den geistlichen und anderen Renten hat es zu beruhen bis zum Erkenntnis der Herren Prälaten und der Stände dieser Lande.

Domkirchen, Jungfrauen- und Mönchsklöster, die jetzt unterhalten werden, sollen bei ihrem Gottesdienst, Besitz und Gebräuchen nach dem Alten bleiben.

Die Jungfrauen, die aus den Klöstern gegangen oder noch gehen werden, sind ihren Aeltesten zu überantworten, und wer sich unterstünde, dieselbigen Jungfrauen zu sich zu nehmen und im ehelichen Stande zu vermählen, soll nach Erkenntnis der Stände dieser Lande ohne Gnade gestraft werden.

Die Kleinodien der Kirchen, die jetzt in weltlichen Verwahr genommen sind, haben zum Erkenntnis der Stände dieser Lande unverrückt und unverändert zu stehen.

Diese gegenwärtige Vereinigung soll sechs Jahre Bestand haben. —

Vor Verlesung dieses Entwurfs hatte die Ritterschaft die Frage an die Städte gerichtet, ob sie bei der Vereinigung mit ihnen zu bleiben gedächten. Worauf zur Antwort gegeben ward, daß sie zuvor das Concept kennen müßten. Nachdem sie es nun kennen gelernt, erklärten sie es für „ganz gottlos, unchristlich und beschwerlich, derhalben sie darin nicht willigen könnten", außer in den Artikel wegen des dorpater Schlosses, mit dem die Sendboten Dorpats sich einverstanden gaben. Dabei blieb es auch, obwol noch mancherlei darüber hin und her geredet wurde, Reval namentlich durchaus in Abrede stellte, daß es die entwichenen Nonnen beschütze, und auch in Zukunft nicht sie in seiner Mark dulden zu wollen erklärte. Einige Änderungen wurden nachträglich vorgenommen, die Dauer des Bündnisses auf nur drei Jahre festgesetzt und dasselbe ohne Theilnahme und auch ohne Wissen der Rathssendeboten, die wol meinten, ohne ihre Zustimmung käme es nicht zum Vollzug, beschlossen und besiegelt. Sie erfuhren davon erst am Sonntag Abend. Des Montags früh legten sie beim Herrn Meister wegen aller drei Städte Bewahung ein mit bemüthigem Bitten, sie in diese Vereinigung nicht hineinzumengen und alle drei Städte damit unbeschwert zu lassen. Das hat Se. Gnaden also geschehen lassen, vermeinend, daß die Städte daraus gelassen und derwegen unbeschwert sein würden. So ist es denn auch geworden. Was geschehen, ist nicht geändert, und herausgegeben haben die Städte damals wenigstens nichts. Aber weiteren Eigenmächtigkeiten war doch ein Riegel vorgeschoben.

Dem Urtheil der Städte und der Meinung Lohmüllers, daß alle Artikel im Bündnis „heimlich gegen das rechte Wort Gottes lauten", werden wir nun nicht zustimmen können. Wir heute werden mehr geneigt und befähigt sein anzuerkennen, daß die Ritterschaften das Wort Gottes in seinem Werthe nicht angetastet haben, daneben aber auch das alte livländische Recht und die alte livländische Freiheit sich bewahren wollten. Es war im Laufe eines Jahres nicht etwa eine andere Anschauung in ihnen zur Herrschaft gelangt; aus dem Dörptschen, aus Oesel und aus Harrien war je einer der Vertreter gesandt, die zu Reval für das Evangelium eingestanden: Hans Wrangell zu Kojel, Otto Uerküll zu Fickel, Bernd Risebitter. So wurde der Predigt der reinen Lehre nicht im mindesten gewehrt. Nur der weiteren Ausbreitung des evangelischen Kirchenregiments, der Störung der bestehenden Verhältnisse sollte auf drei Jahre eine Schranke gesetzt werden. Die Ritterschaften beharrten genau auf dem Standpunkt von 1522, einen jeden bei seinem Besitz und seiner Herrlichkeit zu erhalten; dazu gehörten der eigene freie Entschluß in Glaubenssachen ebenso wie der Genuß der Pfründen und Renten, von welchen man lebte oder zu leben hoffen durfte. Da nun einmal nicht alle im Lande zu gleicher Zeit dieselbe evangelische Gesinnung gewinnen konnten, hätte der Fortgang der städtischen Agitation den Kampf der Selbstverteidigung hervorrufen müssen, und im Fall des Sieges der Evangelischen lag die Gefahr sectirerischer Bewegung nicht zu fern. In diesen ersten Reformationsjahren Rigas und Dorpats ist ein Zug von Schwarmgeisterei nicht zu verkennen wenn er auch nur in dem Radicalismus hervortrat, mit dem man die unvermittelte Neugestaltung der kirchlichen Dinge und nicht nur dieser forderte. Reval allein vermochte, als die Mönche Klage geführt, daß sie „ohne alle Ursache wegen der Verwerfung der Lutherschen Secte verjagt wären", mit gutem Fug dem Herrmeister zu schreiben:[34] „Sie hat Gottes Wort und ihre eigene Unthat verschüttet und von hier weichhaft gemacht. Wir wissen unter uns von keiner Lutherschen oder anderlei Secten zu sagen. De enige Christus is manck uns; so nicht, wie ist er denn mit ihnen, in mancherlei Stückwerk getheilet? Wir rühmen uns keiner großen Personen oder fremden Namen und äußeren Werke nach ihrer Art, sondern allein des einigen Christus, unseres gekreuzigten Heilandes, in des Namen wir getauft sind, der für uns gestorben ist und dadurch

---

[34] Hansen, l. c. S. 138.

wir allein selig zu werden uns gänzlich vertrösten". Daß dieser Glaube der Landesglaube ward, dazu haben nicht weniger die Ritterschaften durch ihr Festhalten am Rechte na dem olden, als die Städte durch ihre freudige Aufnahme der Offenbarung des reinen Wortes Gottes beigetragen.

Sind dann auch die bösen Zeiten des Verfalls gekommen, die schlimmen Jahrzehnte der Auflösung der alten Ordnungen, die die entfesselten Sinne nicht mehr zu bändigen vermochten, jene Schwelgerei, Rohheit und Pflichtvergessenheit, in deren Ausmalung der Chronist Rüssow sich nicht genug thun kann: so war doch die Leuchte des Evangeliums unter dem Scheffel, unter den sie gestellt war, nicht gar erloschen. Und nicht nur in den Städten, auch unter der Ritterschaft, selbst im Orden gab es immer fromme treue redliche Seelen, die auf dem Wege blieben, welchen Gott durch Luther ihnen gewiesen hatte. Von einem der ehrlichsten Männer in den trostlosen Tagen, da das ganze livländische Staatswesen in Trümmer ging, vom alten tapferen Ordensmeister Wilhelm Fürstenberg, haben wir solch ein Zeugnis des Glaubens in einer herzlichen Aussprache mit seinem Gott, und zwar nicht etwa aus dem Leid der moskowitischen Gefangenschaft, in der er sein Leben beschließen mußte, sondern aus früherer Zeit, da es ihm noch gut ging und er ungebrochen war; schon 1552 ist „Ein schön geistlick Ledt", durch ihn verfaßt, in der Sammlung „Etlike.. Psalmen" zu Lübeck bei Jürgen Richolff gedruckt.[35] Lesen wir unseres alten Landesherrn frommes Lied in der Mundart, wie er es gesungen und wie es von der evangelischen Gemeinde ihm später nachgesungen wurde, so weht es den einen und den andren wol wie ein Hauch aus Livlands Luthertagen an, in welchen es entstanden ist.

* * *

[35] Nach Geffcken, S. 314 flg.

Ein schön geistlick Ledt

Dorch Wylhelm Forstenbordj
In Lyfflandt.

Ach Godt wil my erhören,
Ick rope van herten leidt,
De sünde in my sick rogen,
Werdet thorn unde grote vorbret.
Tho dy darum ick rope,
Du bist myn trost allein,
Tho dy steit all myn höpen,
Make my dyner gnade gemein.

De Düvel um my schwevet
Mit gewalt und arge list,
Wol kan em [36] wedderstreven,
So du nicht helpen wilt.
In sünden hölt he my gefangen,
Bedecket mit fleschs lust,
Mit der werlt präl behangen;
Sin ernst was my unbewust.

---

[36] Ich lese: nen, d. i. keiner.

Das Gesette my ock brouwet,
De Helle vor ogen steit.
Min sünd my hertlick rüwet,
Bekenne und is my leibt.
Noch moth ick, Herr, vortzagen
In dyner gerechticheit,
So du nicht uth bloter gnade
Bedeckest mine swackheit.

Wol dem, de up dy buwet,
O Christ, der gnaden thron,
Und dynem worde gelövet,
De is gehilliget schon.
Kamet her, de gy sint belaben,
Bekennet juwe sünde und nobt;
Ick will juw all begnaden,
Dat gy nicht werden den dobt.

Mynen Geist will ick ock schencken,
De juw regeren schall,
Den olden Abam tho bempen,
Dat he frisch averall.
Hert, mobt, sinn unde wille
Regere na miner lehr,
Holdt hir im geloven stille,
So bistu gebaren weer.

Myne ware trüwe tho gedencken,
Dar ick mede leve by,
Holdt dy an myne Sacramente,
Dat du vast trüwest up my;
Lerest de sünde affsterven,
Thonemen in gerechticheit,
So is de gnade erworven,
Dat du levest in ewicheit.

Myne seele dy hyr vor priset,
Godt Vader in ewicheit.
Godt Sön, de du my wisest
Den wech thor salicheit,
Dörch den hilligen Geist erholde
Im rechten worde dyn,
Dat ick nicht in leve erkolde
Jegen dy unde dem negesten myn.

Urkunden.

1.

Anno ɔc. (15)24 donnerdages nach exaltacionis crucis *(Sept. 15.)* heft eyn erszam radt allen und yszlicken watterley sta(n)des, grades de syn, geistlick edder war(l)tlick, dudisch efte undudisch, junck efte olt, ernstlicker mening gebeden laten, dat eyn yder van densulvesten, de dar am negest vorschenenen myddeweken *(Sept. 14.)* yn der vorstoring der afgodisschen bilde und altar tom hilligen Geiste, sunt Olof und to den Moncken yenigerley kerken gut und klenode an kelcken, patenen, allerley kerkengesmide, pallen, altarlaken, misgewa(n)de, luchtern, lichte, offere, sulvere, gelde, kysten, laden, yszerwarcke und allerley ander kercken gerethschap uthgedragen und wechgebracht hebben, dat desulvesten myt dem allerersten je er yo lever szodan bye dy hant bringen und wedder ynstellen. Sust wyl men etsulftige vor dyfte holden und ernstlick richten over al und bie als weme szodan overkamen und boslagen wert.

Demgeliken szollen ock alle und yszlicke, de dar yenigerley gesnedene und gemalde tafelen und bilde binnen sunt Claweszes kerken hebben, desulvesten tusschen dyt und dem negest anstanden sondage *(Sept. 18.)* afbreken und van dar bringen laten bie vorlust und vorboring dersulvesten.

Ock sal sick nymant, he szy dudisch efte undudisch, junck oft olt, vordristen hir bynnen der Suster kercken, to Dome und to sunt Claves, ock sunt Antonies yen unstur und overfal yn antasting und afbreking der bylde darsulvigest antorichten und to makende. Hyr na wete sick en ider to richten.

fol. 82 ᵇ.

2.

Item dysse navolgende artickel syn durch h. Joan Langen h. Hermen Marschow und h. Zacharias Hasze de evangelissche prediger umb dar uth eynen vorram christlicker ordinancien yn den kerspelskerken und kerspelen to bogripende eynem erb. rade und gemeynheit der stadt Revell overgegeven.

Eyn boram anslages christlicker ordinancien yn dem kercklicken regimente, uthgesat und vorwyllet dorch de dry evangelisse predikgers to Revel, darynne nu ock yn allen dussen gelick gescheften eyn erb. radt und oldesten gantzer gemeynheyt eren guden radt und meninghe scholen hebben.

Int erste und baven alle dinck vor angeropen den almechtigen ewigen godt, he geve synen geyst, men erwele und kesze enen evangelisschen pastor, als to Righe und ytlicken andern steden gescheen, und desulvighe szo yrwelet moghe ungeweygert myt enem christlicken herten unvorschracken de kercklicken dynghe na der hilligen schrift anheven und ordineren, dar eme denne eyn erszam radt und gantze gemeynte vormiddelst alle tidt erer guden meninghe bystandt don und bohulplick syn wyllen.

Dusse gemelte pastor sy to sunte Olaf edder to sunte Nicolawes gift nicht to schaffen na wyllen und schyckinge des ers. rades nicht und gantzer gemente, alszo dat he allene de overste sy yn allem kercklickem regimente, ock over den andern pastor yn der andern parre, he nicht do edder anheve sunder wyllen und medewetent gemelten oversten pastors: angeseen twe hovede yn ener gemeynhet nicht wol konnen endrechtichlicken regeren.

Wo dusse sulvighe evangelissche pastor na tiden mit gelimpe alle dinck yn der kerken schall ansetten und afbringen myt rade und medewetendt des ers. rades und gantzen gemeinten, wert sick na tyden uth der schrift woll leren.

Und ydt sy denne, men dusse dinghe wo boven ernstlicken anfange, wert nummer eyn gut regement yn kercklicker ordeninghe angehaven.

Dar na und myt den ersten erschaffe men idt myt vlite.

eyne gemene kysten yn beyden parren werde angerichtet vor de armen. Wes dar ynne to geven ys, wert godt eynen yuwelicken woll leren.

In desulvige kyste vort erste alle gesmide, sulver und klenode to bringen, dar de afgode der bilde mede syn getyret.

Dar nach de rente, presencien etc. von den myssen und staci(*on*)en, overs nu tor stunt nicht, sunder na tyden boquemlicken.

De evangelissche predickers werden ydt wol yrsagen und vorklaren van dem predickstol, wo eyn yuwelick syne mylde handt strecke an de armen und de kysten dar nicht vorgewes en stan.

Hyr umb segge men myt den allerersten endrechtichlicken und ernstlicken tegen papen und prestern up alle ere vicarien, bolesynge, getide, presencien etc., szo dat sze sick weten to richten dar na, men schall na sunte Michel ensulcken gelt en nicht mer uthrichten und geven.

Alszo mot men broederlicken handelen, up dat de olden besorget werden und de[n] jungen sick schicken, szo verne mogelick ere brot hyr ofte yn andern steden to vorwerven.

Dat sulvighe gedachte gelt der vicarien, bolesynghe etc. schall alsdenne na sunte Michel yn de gemenen kysten kamen, so verne id de stifters dersulvigen altare wyllen und nicht van noden hebben eren armen frunden tom besten.

Men szal id szo ock ersagen, dat to der gemeyne kyste vormundere und uthdelers gesat werden de slatel to hebben, als twe uth dem rade ofte eyn und uth yslicker gylde en, menner de den geloven hebben und Godt fruchten, und nemandes to geven eczwes, idt gesche na rade des evangelisschen pastors, de id yrkennen sall, wene (l. weme) id van noden sy, wolde anders grote upszage und eyn bosze geruchte macken.

Wes bye der gemeynen kysten wyder wyll to donde syn, schal wol na tyden gade helpende ghehandelt werden.

Item men wesze dar na, dat apenbare schande sunde und lastere nicht togelaten werden, als to Righe und yn velen andern steden. Hyr um ys rath, men den loszen fruwesparszonen tosegge twisschen dyt und Michaelis sick tovorsende. Wes denne aver heymlick geschut, kan men nicht richten. Over apenbare dat sal syne straffe hebben na tyden to yrkennen. Dyt wert, szo geholden, mencken jungen gesellen orszake gegeven sick van qwaden nucken to entholden und sick yn den elicken standt to geven.

Idt ys ock vor gudt angeseen, men dren efte ver moncken vort erste de scho sende, de dussem gotlicken regimente vornemelicken entegen syn.

Dar na men slute en de kercke und vorbede en dat ludent etc., als to Righa geschen, und brynge en de rynlicken krancken. Szo welcke van en de nicht hebben noch trosten willen, de mogen gaen. Alszo werden sze sick sulvest sunder yagendt vorstoren.

Is ock unsze demodighe bede, men laete entbeden den beyden predickern to Dome und allen andern, szo ene tuchtighe und hovessche munt hebben und voren up dat hillighe gades wort en unbowust: szo sze wes unrechtes des wordes halven weten van uns gepredicket und wes unerlickes, als sze unschemlicken schriven van uns, kamen hyr affen, wyllen alszdenne sze gade helpende de stucke myt dem besten yn gotlicker und denstlicker underwysinge wedderleggen und szo sze dar to nicht geneget, were ys vor gut yrkandt und van noden vor de swacken ym geloven, men yn hilligen und festdagen bedt na erer predekye de domporte toholde.

Wes na tyden mer wyl to donde syn yn eynem guden kercklicken regemente szo uth gade de evangelissche pastor yrwelt ys und bestediget, wert men na uthwyszynghe synes vlitigen amptes *(szo)* he schuldich wol sporen.

fol. 79—81.

3.

Im namen der hylligen drevoldichet amen. Anno ɔc. (15)24 mandages na Lamberti (*Sept. 19.*) ys eyn er. radt und gancze gemeynhet disser stadt Revel hyr to radthuse samptlick vorgaddert gewesen, der mening eynen rechten evangelisschen pastorn to yrwelende. Und hebben vormiddelst medewerkynghe gotlicker genaden vor eynen evangelisschen oversten pastorn und selensorger beyder kerspelle binnen dysser stadt bolegen myt eyndrechtigen stemmen elegeret und gekaren den erfarnen wolgelerden h. Joan Langhen vormals predickern to sunt Clawes, welken nach dessulvesten voresschinghe und dar yegenwardich yrschining dat kercklicke regement und de vorplichte seelsorghe int allervlitigist upgelecht und bovalen sick der tor gotlicker ere und betering der ganczen christlicken gemeine alszo antonemen, wo he vor gade und ydermennichlick dar van rede und antwort to gevende gedencket. Im geliken wart eme ock darsulvigest vort yn bovel gegeven, etlicke duchtighe und gefellighe kerkendenere und medehulpere im gotlicken worde beyden kerspelen to gude myt rade und wyllen dersulvesten antonemen und de dar mede to vorsorgende, szo vele der wegen noth und behoff ys. Vormiddelst welckerer hulpe und todaet he ock eyne christlicke ordynancie yn allen kercken to holding eynes rechten warhaftigen gadesdensten uptorichten mechtich weszen sal, de dynge myt gotlicker genade alszo antofangen und vorttosetten wo sze na der schrift upm gefochlicksten van beyderley szo wol vor de krancken als de mer schwackgelovigen bostan und stede hebben mogen. Des sick gemelte h(er) Joan antonemen etlicke mael geweygert, jo doch entlicken na stedem boger vorgemelten er. rade(s) und gemeyne nicht ane boswering sines gemotes angenamen.

Wart vort dar negest allenthalven vorwillet und bolevet, dat allerley vicarien, rente, bolesing, presencien, memorien und ander gade gegeven gelt myt willen der yenigen szo darvor raden dem gemeynen kasten der armen szal togekeret und dar yngelecht werden.

Dosulvigest wurden ock vort endrechtigen der vorberorten kasten vormunder gekaren und yrwelet vor beyderley kasten inkumste und uthgifte yn beyden kerspelen to radende, alsze nemlicken disze hyr negest bonompten.

Item to sunt Clawes kerspelkerken h. Symon von Werden uth dem rade, Vincencius Schonenberck. Rotger Boisman uth der groten gilden, Meynhart Drewes, Clawes Schriver uth der Knute gilde, Heyne Morken, Hans Scharpe uth sunt Olawes gilde und Pauwel Mencke uth den swarten hoveden.

Item yn sunt Olaves kerspell h. Ewert Hessels uth dem rade, Jurgen van der Heyde, Peter Kleninghuszen uth der groten gilden, Fabian Belau, Clawes Reder uth der Knute gilde und Hans Wytkop, Hermen Korszwarter uth sunt Olofs gilden und Tonnies Smit uth den swarten hoveden. fol. 81. 82.

4.

Anno prescripto am dage Simonis und Jude (*Oct. 28.*) heft eyn er. radt ernstlicker mening allen und yszlicken watterley condicien de syn, geystlick efte war(*l*)tlick, junck eft olt, frow edder man, dudisch efte undudisch, de disser stadt geneten, gebrueken efte sick dar ynne entholden wyllen, avermals gebeden und vorkondigen laten, dat desulvesten yn nenerley steden heymlick efte apenbar ere unnutte lesterlicke vorachtlicken worde, scheltworde efte housproeke voren und uthgan laten wedder dat gepredigede wort gades und de evangelissche pastorn, prediger und bieplichtere dessulvesten, bye gancz gestrenger pene und straffe, de den vorkereden gades lasterer(*n*) und mothwilligen anfechtern der gotlicken warheyt uth geegender schult sal overgaen und angelecht werden. Hir na wete sick eyn yder to richten. fol. 83.

5.

Anno ɔc. (15)25 sondages na Fabiani und Sebastiani *(Jan. 22.)* leet ein er. radt allen und yszlicken dysser stadt vorwanten, de syn geystlick oft wer(l)tlick, ernstlicker mening gebeden und vorkundigen, de dar yenigerley tuch an golde, gelde, geldeszgewerde, sulvere, sulvergesmide, klenoden, segel und breve efte watterley guderen dem Swarten kloster tokamende van den moncken darsulvigest to truwer hant efte sust entfangen und bye sick yn weren hebben, dat sze szodant eynem erszamen rade myt den ersten vorwitlicken laten und bye dye handt bryngen. Sust wert men alletyenige wes dar van na dysser tidt bye ymandes upgegan und boslagen wert vor dyfte holden und de vorheler szodaner guder na gebor nicht ungestraffet laten. Hyr na wete sick eyn yder to richten.

fol. 84.

6.

Anno ɔc. prescripto middewekens na Invocavit *(März 8.)* is bynnen rades eyndrechtichlick geslaten und bolevet, dat nemandt uth dem rade sick understan und vordristen szal hir bynnen efte buten der stadt, szo wyet der stadt marke wendet, myt terlingen efte kartenspele, mommenkanczen, hupkenspel efte watterley andere dobbelspel to spelende bye 10 marcke broeke, szo vake hir entegen gedan werdt, sunder alle genade uthtogevende, welck men bynnen rades vorrichten szal, szo vaeke eyn radt szodant vorderende und bogerende wert.

fol. 84.

7.

Anno prescripto dominica Reminiscere *(März 12.)* leed eyn radt ernstlicker mening gebeden, dat sick nimant disser stadt burgere, gesellen, jungen, dudisch efte undudisch, junck efte olt, understa und vordriste yn yrkener steden hyr bynnen efte buten der stadt, so wyet der stadt marke und scheding wendet, erken mommenkanczen efte hupkenspell edder watterley ander dobbelspel, wo szodan eynen namen heft myt terlingen edder karten hemlick efte apenbar to spelende bye 10 marcken broeke sunder alle genade uthtogevende, szo vaken hyr entegen gedan und gehandelt wert. Vurder is eyn radt gesynnet to entsettinghe der schamelen burger und vorwanten dysser stadt etlicken roggen bye lopen und halven puuden, elcken lop to 15 pf., to vorkopende. So ymandes van den vorberorten uth anliggender notroft brotkornes to donde und behoff heft, de mach Clawes Ducker den huessluter dar umb anspreken, de eynem ydern notroftigen vor syn gelt zodanen roggen tometen szal. So aver ymandes durch sick efte erken middel solcken roggen ane notroft to sick kopen wurde, umb den eynem andern wedder to vorkopen: de szal synen broeke und pene, de alleyne yn yrkentnisze des er. rades stan szal, nicht meten und sunder alle genade gebroeket und gestraffet werden. Hyr na wete sick eyn yder to richten.

fol. 84.

N.

Anno prescripto dominica Oculi (*März 19.*) let eyn erszam radt ernstlicker mening gebeden, dat eyn ider eynen hovysschen mundt hebbe up forsten, hern, gudemanne, rede und stede, up fruwen und junckfruwen, ock de eyne up den andern, bye gansz ernstlicker straffe, de yn yrkentnisse des rades stan szal. Dar nach wete sick eyn ider to richten.

fol 84 b.

O.

Anno prescripto dominica Iudica (*April 2.*) heft eyn erszamer radt ernstlicker mening allen und yszlicken dysser stadt burgern dudisch und undudisch, man und fruwen, junck und alt, szo hyr yn der stadt wonhaftich und ere vorkering hebben, gebeden laten, dat sick nimant van en vordriste hyr uth der stadt to Dome to gaende und darsulvigest mysse, predicacien und andere kerckendenst to horende. So yemant dar enbaven doen wert, de mach ock darsulvigest tor malteyt bliven und sick der stadt vort mer entholden.

Imgelicken alle de yenighe de van prestern hyr yn der stadt wonende und to Dome mysse to holdende gewonlick syn, de scholen sick des Domes vort mer entholden, edder szo dar to nicht gesynnet syn, tusschen dyt und paschen *(Apr. 16.)* ere husze und waninghe rumen und dar uth tehen.

Eyn erszam radt let ock ym gelieken gebeden, dat eyn yder sick der juncfruwen kloster entholde und sick der juncfruwen darsulvigest ane wyllen und volbort erer olderen edder negesten frunden nicht kummere, up dat eyn yder umboschuldiget und der hir uth bosorgeden moye und vordretes entlastet und vorhaven blive. War na wete sick eyn ider to richten.

fol. 85.

10.

Artickel gades denst bolangendt von her Joan dem evangelisschen pastor dem rade overgegeven.

Item de ordeninghe des gades denstes der kerken to Revel. Int erste, dat alle gades denst schal gescheen up dudissche spraeke, id syn gesenge edder myssen, sunderlick de misse na ynsettinge des almechtigen gades; szo wennere dar welke syn, de ere testamente vorvorderen, schal men dat densulven na [vor]vorsinge eres gelovens geven.

Item by ider kercken scholen men 4 dener syn und dat men desulven besorge, wen ere tidt kompt sunder beszokendt des pastors; dat men dar welcke to ordene, de densulven seggen, wor sze ere gelt scholen warnemen und ock wo eme de kosters besorge, dat et gelickformelick togae.

Item van der uprichtung ener scholen to sunte Nicolawes, up dat me(n) dy kynder mochte institueren yn guden leren und dogeden.

Item wor de sermon gescheen scholen de weken over

efte yn den parkerken ofte moncke kercken na erkentenisse eynes erszamen rades.

Item von den armen uptoschriven und vorwitlicken idt eren hern, dat sze sze vorvorderen in disser tidt und ock dem lantforsten to vormelden wodaner wysze myt den armen luden gehandelt wert, alszo dat et nicht christlicken togeydt.

Item van den kercken huszeren, dat men se dar mede vorsorge, de der kercken denen.

Item van den undudisschen, dath me(n) den wolde vorordenen ene kercke, dar sze des hilgen dages und ock alle weken dry mal mochten christlick underwyszet werden.

Item van dem sacramente, dar et nicht myt der schrift mach bewert werden, dat men id schal holden yn den schappen.

Item disse vorgeschreven artickel erstelle wy yn erkentnisz eynes erszamen rades sampt der gemeyne und bogeren des eyn antwort.

fol. 87 b.

11.

Gudemenung eynes erszamen rades up etlicke vom h. Joan dem evangelisschen pastor schriftlick overgegevene artickel de ordinancie des gewonlicken kercken denstes bolangende, gemelten h. Joanni fridages na Cantate (*Mai 19.*) afgeszen und dar na schriftlick overgegeven.

Int erste wil eyn erszam radt vorgemelten h. Joan eren evangelisschen pastor toszamet synen medehulperen upgelecht und bovalen hebben, sze allerley gotlicken kercken denst myt evangelisscher ministrering der sacramente, holding der missen, allerley lavegesenghen yn allen kercken yn dutscher spraken nach gotlicker schrift alszo to vorordenen wo sze des vor allermennichlick myt gotlickem worde to vordegedingen gesynnet syn.

Up de bogerde vorsorging der kercken deners, wor

de eren jarlicken inkumst warnemen sollen, is vorlaten, dat der kercken vorstendere in yuwelicken kerspelen de yarlicke ynkumpste eyner ydern kercken, zo tovorn an vicarien, presencie, bolesyngen und anderer gestichteden kercken rente dar to gehoret, overleggen und to hape bringen szollen, dar van eyn ider prester nach syner gelegenheyt szal vorszorget werden.

Is ock vor radtszam und vor et gemeyne beste to weszen angeseen, eyne schole to sunt Clawes antorichten, derwegen ock h. Hynrick Dubbersyn und h. Symen van Werden upgelecht umb eyne gelegene stede dar bie der kercken hirto to vorschaffende.

Item der kercken huszer szollen den kerckendenern myt den ersten gerumet und yngedan werden.

De moncke kercke is vor de undudisschen vorordent, umb darsulvigest alle heyllige und werkeldage en vortopredigen und gotlicken denst to holden.

De dudisschen sermone szollen na guder ordenung to gelegener tyt und stunden yn den kerspelkerken gescheen und geprediget werden.

Item de koster yn beyden kerspelen szollen van elcker grotesten klocken darsulvigest vor de doden to boluden 1 mrk. hebben, van der negest der grotesten 24 sh. und der andern gemeynen klocken 12 sh. Des szal he to allen sermonen vorgewes luden laten.

fol. 88. 89.

12.

Dysse hir navolgende artickele syn under anderen to gemeynen landeszdage, anno (15)25 sondages visitacionis Marie *(Juli 2.)* to Wolmar vorschreven und geholden, darsulvigest vorhandelt und geslaten.

(5 Pkte. über die Münze.)

Pkt. 6. So denne de hern und adel klagen, dat sumighe prediger de buren uprusten der herschop nicht gehorszam to sinde: is vorlaten, de prediger sick des to bogeven to underrichten und to warschuwende.

Pkt. 7. *(fol. 90.)* Item dem kopmanne szo bynnen landes reyszet to gebeden, de kerken unvorblotet to laten und de buren nicht tegen de herschop uptorusten.

Pkt. 8. Item ock beyde burger und gesellen, de myt den buren yn den steden umbgaen, dem geliken to gebeden.

(Pkt. 9—11.) fol. 89.

13.

Anno ꝛc. (15)25 am 18. d(ag) Augusti syn de olderlude aller drier gilden sampt den oldesten, zo ut der gemeinte mit en vorordenet weren, vor den radt up et rathues gekamen und hebben under andern int flitigeste bogeret und gebeden, dat eyn radt eyne ordinancie maken wolde up allerley kercken und vicarien rente und aller inkumpst, zo papen und moncke vorhen geboret und gebruket hedden, wor debillich solde hengekeret werden. Wor up dosulvigest van er. rade vor gudt angesehen und geslaten, men et darmede wo to Rige gelickformich hedde, alszo dat allerley inkumpste und boringe van allen geistlicken lenen und guderen, zo gade gegeven, et sollen bliven.

fol. 85 b.

14.

Anno ꝛc (15)25 sondages am drudden Septembris worden navolgende mandate vorkundiget und afgelesen.

(1.) Witlick sy allen und yszlicken, dat eyn erszam radt myt der gemeynte dysser stadt vorwilliget hebben und overeyn gekamen syn, dat etlicke vorordente burgere alsze morgen under dem middagge yn beyden kerspelen umbgaen und to dem angehavenen gebuete des nugen sekenhuszes bydden szollen: dar to eyn yder szo vele eme got vorlenet syne milde hantstreckynghe doen mach.

fol. 90 b.

15.

Radtslaghe und gudemeynunge eynes erszamen rades up de geforderde ordinancie van allerley geistlicker lenware, yarlicker boringen und inkomsten dersulvesten: wo et dar mede toholden und wor de billich kamen hentokeren, der gemeynte anno (15)25 am negenden dage Septembris upm groten gildestaven afgelesen.

Int erste. Na deme allerley gestlicke lene und guder stichtinghe als nemlick der vicarien, getide, bolesinghe, broderschappe, presencien, memorien, boluchtingen und allerley ander yarlicke ynkumste der geistlicheit mit erer tobohoring anfencklick uth milder andacht gade to lave und ton eren, zo man meynde, geschen und underholden is: so irkennet eyn erszam radt der billicheit und gades worde wol even und gemetich to synde, dat allerley yarlicke rente und ynkumste van vorberorten vicarien, getiden, bolesyngen, broderschappen, presencien, memorien, boluchtingen und allen andern gestlicken gudern, de yn baven berorter guden andacht gade gegeven syn, sollen gade gegeven bliven und to notroftiger upholdinghe und vorsorginghe der erweleden evangelisschen pastorn sampt der kercken denere und den schamelen armen den gemeynen upgerichteden kasten yn beyden kerspelen tom rechten gadesdenste togekeret werden. So dat doch de lenware eyner juwelicken stichtinghe bie den vorigen patronen sol yn syner werde beholden bliven. Szo aver ymandes den hovetstol van sulcken geistlicken gudern aftolosen gesynnet were, desulveste szal und mach zodanen hovetstol mit der upgekamenen renten des gemeynen kastens vormundern, zo yn beyden kerspelen dar to vorordent syn, wen em des drechlick, overantwerden; de denne dar van wo van allen andern geistlicken gudern und ynkumsten lofwerdighe schrifte holden und van allem entfangenen und uthgegevenen boschet und rekenschop doen sollen, wenner men szodant van en vorderende is.

fol. 91.

16.

(5.) Eyn radt lett ock de yenigen, de hir bynnen der stadt struck holden yn eren hoven efte up eren boven nach anwarnen, dat se densulvesten yn dyssen anstanden weken uthforen und buten der stadt holden: sust szal szodan den armen seken vorboret syn.

fol. 92.

Die vorstehenden neuen Quellen, hier zum ersten Mal textgemäss in chronologischer Folge veröffentlicht, sind im Frühjahr 1882 im revaler Rathsarchiv aufgefunden und befinden sich in einem mässigen lederbezogenen Quartbande, der unter zahlreichen Abschriften von Handwerkerschragen auch solche von Raths- und Gemeindebeliebungen enthält.

Date Due

BR937
.L7B5